24H

石垣 宮古

竹富島　西表島

guide

Perfect trip for beginners & repeaters.

Chill out on the beach.

ただいま、沖縄の離島。

長い間、旅することができなかったトラベルラバーの
私たちにとって、待ちわびた季節がやってきました。
家族のいる街、ずっと会えなかった大切なひとがいる街、
それぞれの旅先があるなかで、自分自身を労ってあげられるのは
どこだろうと考えたひとも多いのではないでしょうか。
南の島、沖縄本島からさらに遠く離れた石垣島と宮古島は、
そんな癒やしを求めてたどり着いた旅行者たちに寛容な場所です。
エネルギッシュな南国の植物に、どこまでも透明な海、
そして沖縄の気候のように温かな島人（しまんちゅ）たち……。
そこには海に隔てられた離島だからこその、
大きな癒やしと小さな冒険が待っているはず！
初めてでも、何度目でも、「ただいま」と言いたくなる沖縄の離島へ。

若宮早希

Contents

24H 石垣 宮古 *guide*

Ishigaki 石垣島

Miyako 宮古島

Afternoon (15:00-17:00)

Night (18:00-21:00)

寄り道さんぽ in 那覇

Morning (9:00-11:00)

Noon (12:00-14:00)

本誌をご利用になる前に

データの見方

☎=電話番号　🏠=所在地

🕘=営業時間　見学時間　時期により異なる場合がありますのでご注意ください。なお記載より早い場合や遅い場合もありますのでご注意ください。

🔓=定休日　原則として祝日と年末年始を除いた定休日を表示しています。

¥ =料金　入場や施設利用に料金が必要な場合、大人1名料金を表示。ホテルの宿泊料金は原則、消費税込み、サービス料込みの料金です。季節などにより料金は変動しますのでご注意ください。

室 =客室数

拠点となる場所からの所要時間の目安を表示しています。

Ⓟ =駐車場　駐車場の有無を表示しています。

MAP P.000 A-0　地図での位置を表示しています。

★本誌に掲載したデータは2023年2月時点のものです。
★本誌出版後に内容が変更される場合がありますので、ご利用の際は必ず事前にご確認ください。
★商品の価格や料金は消費税込みの金額を表示しています。

Ishigaki & Miyako

本州、そして沖縄本島からも遠く離れた石垣島と宮古島は
独特の文化を持ち、土地や気候、方言など、すべてが新鮮！

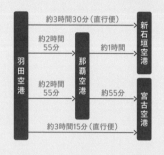

羽田空港			
約3時間30分（直行便）			新石垣空港
約2時間55分	那覇空港	約1時間	
約2時間55分		約55分	宮古空港
約3時間15分（直行便）			

池間島

伊良部島

下地島

宮古島

来間島

宮古群島

沖縄本島から南西に約290km離れた宮古島とその周辺の島々。橋で5つの島がつながっている。

沖縄本島とも違う!?
うちな〜ぐち（沖縄の方言）を予習しておく。

	沖縄本島	八重山諸島	宮古群島
「こんにちは」	はいさい	くよーんなーら	―
「いらっしゃいませ」	めんそーれ	おーりとーり	んみゃーち
「ありがとう」	にふぇーでーびる	みーふぁいゆー	たんでぃがーたんでぃ
「おいしい」	まーさん	うまさん（まーさん）	んまむぬ

石垣&宮古シーズンCHECK

1月
パーントゥ
【10〜1月】
宮古島

仮面を付け、全身に泥を塗った仮装神パーントゥが各家を回る奇祭。島尻地区では旧暦9月、上野原地区では旧暦12月に。

2月
黒島牛まつり
【2月下旬】
黒島

人口200人に対し牛が数千頭いるという、和牛の生産で有名な黒島で、毎年2月下旬に開催。高級和牛が味わえるチャンス！

3月
日本一早い海開き！

石垣島の海開きは3月中旬。日本一早い海開きと言われている。まだ水は冷たいので挑戦するなら暑い日に。長袖があるといい。

4月
宮古島の海開き

宮古島の海開きは4月の第1日曜日に与那覇前浜で行われる。遊泳に適しているのは6〜9月だけど、日差しには要注意。

5月
梅雨入り

5月下旬頃と梅雨入りも早い。この頃にはTシャツ＆短パンなど夏物の服がちょうどいい。マグロ漁も4〜6月頃がシーズン。

6月
うりずん

梅雨明けの時期は「うりずん」と呼ばれ、沖縄で最も気候がいいと言われる季節。各島で海神祭・ハーリーが開催される。

7月
絶景シーズン到来！

最も暑く、海が青く輝くシーズンが到来。帽子やサングラスなど、熱中症＆日焼け対策は万全に。海で泳ぐときも長袖が◎。

8月
アンガマ
【旧暦7月13〜15日】
石垣島・竹富島ほか

沖縄でお盆といえば旧盆のこと。石垣島の各集落では唄や踊りで祖先の霊を供養する伝統行事「アンガマ」が行われる。

9月
とぅばらーま大会
【旧暦8月13日】
石垣島

八重山諸島独自の叙情歌、とぅばらーまの大会が行われる。7〜11月は台風シーズンでもあるので気象情報は必ず確認を。

10月
海終い

石垣島の海終いは10月末。以降も暖かい日は泳げるが、管理されていないビーチは自己責任なのであまりおすすめできない。

11月
秋到来

北から季節風が吹き、秋到来。長袖があるとよい。フルーツのシーズンも終わり、旅行者も少なくなって落ち着いた雰囲気に。

12月
厚手の上着が必要

平均気温は最高20℃、最低7.5℃と朝晩の寒暖差がある。厚手の上着を用意して。年にもよるが、雨の日が増える。

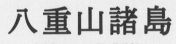

八重山諸島

宮古島からさらに西へ約130km離れた石垣島。周辺の島々と合わせて八重山諸島と呼ばれる。

小浜島

石垣島

西表島

黒島

竹富島

波照間島

新城島（パナリ島）

Hello! Ishigaki & Miyako

007

（こんにちは）

くよーんなーら
石垣島
Ishigaki island

港周辺に賑やかな繁華街がある一方で、沖縄最高峰でジャングルが広がる於茂登岳（おもとだけ）があるなど、地域によって異なるランドスケープが魅力の石垣島。シーズンやエリアの特徴を把握して、旅行プランの参考に。

エリアガイド

石垣タウン
八重山諸島への港があり、最も賑わう繁華街。ホテル、飲食店、おみやげショップが集中し、夜遅くまで眠らない。

空港周辺
新石垣空港がある石垣島の玄関口。周辺にはレンタカーショップが多く集まる。空港南の白保には集落や美しい海岸がある。

中央部
於茂登岳の山麓にあたり、牧場や畑が広がる。県道が続き、のどかな景色を楽しめるが、見どころやお店は少ない。

真栄里
市街地から車で10分と便利な場所にありながら、美しい海岸線が広がるリゾートエリア。国道390号線沿いに飲食店が多数。

フサキ
島の南西に位置する。ビーチに面してフサキリゾートが建つ。周辺の県道沿いにはカフェやショップも点在している。

川平
石垣島イチの景勝地、川平湾がある。川平公園周辺にマリンショップや食堂があるほか、川平集落にも飲食店が。

米原
於茂登岳の北山麓に位置し、西表石垣国立公園にも指定される米原海岸がある。亜熱帯ジャングルを感じられる地域。

西部
旅行者の少ない静かな地域。標高約216mの屋良部岳はハイキングコースとなっている。御神崎からの眺めは絶景。

北部
島の北東に伸びる平久保半島は、秘境感満点。景勝地や隠れ家的なビーチが点在している。小さな集落があり、飲食店もある。

シーズン

4-6月がベスト
気温が上がりはじめる4月から猛暑の前の6月頃が気候も安定し、過ごしやすい。梅雨入りは例年5月中旬。

3-10月は海開き
海水浴場がオープン。気温・水温などで快適に泳げるのは5〜9月頃。ただし7〜8月は万全の熱中症＆日焼け対策が必須。

7-9月は台風も
大きな被害がでる台風は例年7〜9月に集中する。直撃したら、飛行機やフェリーの欠航、店の臨時休業などを覚悟して。

アクセス

レンタカー
石垣島は車で1周して3〜4時間かかる規模なので、車が最も便利な移動手段。市街地はタクシーも便利。

路線バス
市街地や空港を中心に島内を網羅しており、主なホテルや観光地も回れる。時間に余裕があればOK。

レンタサイクル
ホテル周辺や市街地を回る程度なら自転車でも。レンタルショップのほか、ホテルで貸し出しているところもある。

Ishigaki MAP

南の石垣タウンから、北の平久保崎までは車で約1時間！ ジャングルや牧場、サトウキビ畑などののどかな景色のなかをドライブして。

北部
∧
平久保半島には、牛の放牧場が広がっている

米原

穴場ビーチもあるローカルなエリア
∨
西部

川平

於茂登岳

レンタカーは空港で借りるのが便利！
∨
空港周辺

中央部

フサキ

おみやげ探しやカフェめぐりはココで！
∨
石垣タウン

真栄里

海水浴にぴったりのビーチがある

3泊4日で大満足！な最強の過ごし方

4 Days Perfect Planning

石垣島の海とグルメを満喫して、フェリーで渡れる竹富島へも日帰りトリップ！

Planning:

Day1 石垣島

マエサトビーチはパラ
ソルやチェアをレンタ
ルできる

到着したらまずはビーチへ！
夜は名物グルメを満喫

石垣島に到着後、待ちに待った絶景ビーチへ
直行！ 南の島ならではのサンゴ礁の海を眺
めましょう。リゾートホテルのビーチなら駐
車場やシャワー、更衣室もあり色々と便利。
ホテルにチェックインして休憩したら、夜は
お待ちかねのおいしいもの！ 石垣タウンは
飲食店が多く、選択に困ることはありません。

MEMO @ Day 1

☐ **レンタカーは空港でピックアップ**
新石垣空港に営業所があるレンタカー会社が便利。空
港でピックアップして、営業所に連れて行ってくれる。
車があれば、ホテルにチェックインして荷物を置かな
くてもそのまま遊びに行ける。

14:55 新石垣空港に到着

16:00 マエサトビーチでのんびり P▶016

18:00 石垣タウンで夜ごはん P▶068,070

正茶春（P.68）
は島魚や石垣
牛にぎりがお
いしい島酒場

"島バル"と呼ばれる屋台風のお店
が集まる石垣島ヴィレッジ（P.80）

Planning:

Day2 石垣島

石垣島イチの絶景スポット
川平湾までドライブ

2日目は石垣島のハイライト、川平湾へ。真っ白な砂浜、海底が透けて見えるほど透明な海に感動すること間違いなし。海の透明度は晴れと曇りで全く異なるので、なるべく晴天の日を選んで。日光が斜めから指す午後遅めの時間より、午前中のほうがきれいに見えます。周辺のカフェ＆お買い物もお忘れなく！

10:00	川平公園をおさんぽ	P▶018
12:00	嘉とそばで八重山そばランチ	P▶031
14:00	やまばれ陶房でお買い物	P▶064
15:00	ALOALO CAFEでのんびり	P▶050

川平公園から川平湾を望む。グラスボートにで海の中をのぞいてみて

竹富島カイジ浜は別
名星砂の浜。星の形を
した砂がある

Day3 竹富島 ♥ 西表島

石垣島からのショートトリップ！
西表島or竹富島へ

石垣港離島ターミナルから周辺の島々にアク
セスできます。なかでも人気の竹富島は、石
垣島から約10分と日帰りにちょうどいい島。
昔懐かしい集落をお散歩したり、きれいなビー
チをホッピングして。1泊すれば、よりのん
びり過ごせます。ジャングルに覆われ、アクテ
ィビティが楽しい西表島もおすすめです。

09:00 フェリーで竹富島へアクセス

10:00 赤瓦の竹富集落を散策　P▶082

11:00 そば処 竹の子で八重山そば　P▶084

12:00 コンドイ浜&カイジ浜へ　P▶084

16:00 竹富島の宿にステイ

西表島沖にある由布
島へは、浅瀬の海を水
牛車に渡ってもらう

MEMO @ Day 2

☑ **竹富島も西表島も日帰り可能**

1日の船の便数が多いので、石垣島を起点に日帰りでき
る。西表島はフェリーで45〜50分かかるので、でき
れば1泊はしたいところ。石垣島からのツアーもある。

光楽園はジャングルに囲まれたフルーツ農園直営のカフェ

*Planning:

Day4

石垣島

**最終日は石垣タウンで
カフェ＆ショップめぐり**

竹富島に1泊して、午前中に石垣島に戻ります。石垣タウンは、石垣市公設市場を中心としたアーケード街があり、周辺にはかわいい雑貨が見つかるショップが集まっています。市場のなかにもお店があり、バラマキみやげ用のお菓子も調達できます。もし時間があれば、農園カフェにも足をのばして。

10:00 フェリーで石垣島へ

11:00 石垣タウンを散策

12:00 石垣市公設市場でお買い物 P▶056

13:30 時間があれば光楽園へ P▶049

13:40 新石垣空港から帰路へ

石垣タウンの少し外れたところには聖域とされる御嶽（拝所）も

ISHIGAKI THE BEST TIME

IN THE

Morning

09:00 - 11:00

亜熱帯気候の石垣島。まだ人が少なく気温も上
がり切らない午前中は、アクティビティを楽しむ
のにぴったりの時間帯です。絶景スポットを独り
占めしたり、ビーチをお散歩したり、ヘルシーな朝
ごはんを食べたり。石垣島の朝は楽しいことがい
っぱいなのです。朝寝坊なんてしていられない！

秘境ビーチでクリアSUPを体験
できるCLEAR BULL 石垣島（P.
22）。ドローンで撮影してくれる
というサービスが人気！

何はともあれ、キレイなビーチが見たーい！

09:00 超絶景BEACHは
独り占めできる朝イチがベスト

お散歩するなら朝のビーチが◎なんです

石垣島の一日は、真っ青な美しい海を眺めることからスタートしましょう。

昼間は旅行者でにぎわう人気のビーチも、早い時間なら人も少なく静か。無理せずゆっくく楽しむなら、まずは宿泊するホテルの近くのビーチへぶらぶら歩いて向かってみて。

フサキビーチやマエサトビーチは、ホテルのすぐ目の前に砂浜が広がる"リゾホビーチ"なので、宿泊者は朝起きてすぐにお散歩ができちゃうのがステキです。アクティブ派なら、思い切って秘境ビーチまで朝のドライブ。澄んだ空気の中、車を走らせるのも、旅ならではの特別な時間になりそう。

いつもはおっくうな早起きでも、旅先なら楽しめるというもの。"石垣ブルー"の海で、体を目覚めさせてみては？

★☆★フサキビーチには海に突き出た桟橋があり、まるで海の上にいるみたい！

隠れ家ビーチ

リゾホビーチ

リゾホビーチ

石垣島サンセットビーチ

静かな隠れ家ビーチならココ

石垣島北部にあり、秘境感あふれる天然ビーチ。ビーチ入口のショップでパラソルのレンタルやアクティビティの手配ができる。

北部 MAP P.180 E-2 ☎0980-89-2234 🏠石垣市平久保234-323 ⏰9:30～18:00(遊泳期間は5月～10月中旬) 🌀荒天時 ¥入場500円 🚗石垣港離島ターミナルから車で約45分 Ⓟあり

BEACH SPEC □シャワー・トイレ(無料) □売店・ビーチパラソルレンタル(有料) □アクティビティ(有料)

そのほかのビーチは→P.26

フサキビーチ

マリンアクティビティが楽しい!

ホテルのプールエリアが隣接し、水着で○Kのプールサイドバーもあるなど南国リゾート気分を味わえる。ホテルのアクティビティも利用可能。

フサキ MAP P.181 B-3 ☎0980-88-7000(フサキビーチリゾート ホテル&ヴィラズ) 🏠石垣市新川1625 ⏰9:00～17:30(時期により異なる、遊泳期間は3月～11月中旬) 🌀荒天時 ¥入場無料 🚗石垣港離島ターミナルから車で約15分 Ⓟあり(有料)

BEACH SPEC □シャワー・トイレ(無料) □売店・ビーチパラソルレンタル(有料) □アクティビティ(有料)

マエサトビーチ

波穏やかなロングビーチ

ANAインターコンチネンタル石垣リゾートの目の前にあり、マリンアクティビティが豊富にそろう。防波堤があるのでシュノーケルにおすすめ。

真栄里 MAP P.181 C-3 ☎0980-88-7111(ANAインターコンチネンタル石垣リゾート) 🏠石垣市真栄里354-1 ⏰遊泳自由 🌀荒天時 ¥入場無料 🚗石垣港離島ターミナルから車で約10分 Ⓟあり

BEACH SPEC □シャワー・トイレ(無料) □売店・ビーチパラソルレンタル(有料) □アクティビティ(有料)

Best time!

私的No.1絶景スポットはココ。

09:00 川平ブルー の 川平湾へGO！

ビーチで
島ねこ発見！

海の透明度は
ピカイチ★

川平湾
かびらわん

石垣島随一の透明度を誇る海

真っ白な砂浜とエメラルドグリーンの海が広がる景勝地。周辺は川平公園として整備されており、展望台や遊歩道がある。潮の流れが速いので遊泳は禁止。

川平 **MAP** P.181 B-1

🏠石垣市川平1054 ⏰見学自由 🚌石垣港
離島ターミナルから車で約30分 🅿️あり
（一部有料）

IN THE Morning (09:00-11:00)

目が覚めるような青！"川平ブルー"に感動する

川平湾は、島の北西部にある石崎半島や複数の小島に囲まれた内海で、ハイシーズンは一日中旅行者でにぎわう石垣島イチの観光名所。すいている時間を狙うなら、なるべく早めがベターです。

湾内にはグラスボートが浮かんでいるのですが、天気のいい日は海底にくっきりとボートの影が見えるほど透明度抜群！目の覚めるようなエメラルドグリーンの海は、"川平ブルー"と呼ばれています。

川平公園の展望台から海中を泳いだり、近くのカフェから景色を楽しんだりと、川平湾を満喫する方法はいろいろ。アクティブに楽しむなら、カヤックで湾内に浮かぶ無人島に上陸するツアーもおすすめです。

3stepで川平湾を満喫

砂浜から乗船して湾内を周遊するグラスボート。船底が透明になっている。15分おきに運航し、予約も可

Step 1
カフェから満喫

R's cafe
アールズ カフェ　P▶053
大きな窓から180度の川平湾のパノラマを楽しめる喫茶＆食事処。川平湾で真珠の養殖をする、琉球真珠川平本店に併設されている。天気のいい日はオープンエアのテラス席も。

Step 2
グラスボートで満喫

まりんはうす ぐるくん
川平 [MAP] P.181 B-1
☎0980-88-2898 🏠石垣市川平926-5 🕘9:00〜17:00 🔒無休 ¥1200円 🚗石垣港離島ターミナルから車で約30分 🅿あり(有料)

川平湾の海の色をイメージしたカピラブルーフラッペ800円

Step 3　穴場も満喫

川平公園のちょうど反対側にある隠れたビュースポット。「川平湾を望むパーキング」という駐車場から舗装されてない道を下る。浅瀬のビーチが広がり干潮時は無人島に渡れる。

裏川平
うらかびら

川平 [MAP] P.181 B-1
🏠石垣市川平(川平湾を望むパーキング) 🕘見学自由 🚗石垣港離島ターミナルから車で約30分 🅿あり

有限会社 **知念商会**
TEL 82-9664

パインな
おやつ♪

竹冨町商店

Best time!
10:00
かわいいデザインと沖縄らしい景色を探して。
フォトジェニックな *石垣さんぽ*
石垣島をぐるっと回って見つけたかわいいものたちがこちら。

レトロな石垣タウンで
おいしいものパトロール。

道路も
ミンサー柄！

★★★ミンサー柄の道路は郵便局前交差点近くにあります。石垣タウンは少し繁華街を外れるとレトロな雰囲気。

押さえておきたい
沖縄っぽスポット♪

1 石垣市公設市場の竹富町商店（P.57）のスムージー＆米粉のパインたい焼きパフェ **2** 730記念碑の交差点（**MAP** P.182 E-2）の近くでシーサーの壁を発見！ **3** オニササが名物の知念商会（P.27）はお店の佇まいがレトロでかわいい **4** 八重山郵便局（**MAP** P.182 E-1）の脇の道路にはミンサー織の柄が描かれている **5** 石垣島THE SHAKE（P.62）のマンゴーシェイク **6** 730記念碑の交差点の目の前にある73バル（P.69）でちょい飲み♪ **7** 石垣島にはいたる所にハイビスカスが **8** 赤瓦の伝統的な古民家を見学できる石垣やいま村（P.54） **9** のばれ岬観光農園（P.48）からの景色は絶景！ **10** 光楽園（P.49）でフルーツジュース **11** 島野菜カフェ Re:Hellow BEACH（P.61）のコーヒースタンド **12** 崎枝南浜（P.26）にはブランコが

波の音を聞きながら
海とカフェでまったり。

隠れ家ビーチ
見つけた！

17

18

19

20

21

22

23

0

Horse Ride

優しくて力持ち。ヨナグニウマさんと触れ合います。

石垣島馬広場
いしがきじまうまひろば

海×乗馬で癒される!

与那国島の在来馬、ヨナグニウマに乗れる。乗馬でビーチや牧場をお散歩するプログラムのほかに、夏は馬と一緒に海に入れる。

北部 **MAP** P.180 F-1 ☎080-6485-5979 🏠石垣市平久保平久保牧355 ⏰9:00～17:00 📅不定休 🚗石垣港離島ターミナルから車で約1時間 Ⓟあり

ヨナグニウマは体高約120cmと小柄な馬。のんびりお散歩を楽しんで

体験DATA
海馬遊び

- 料金 1万円
- 所要時間 1時間30分～2時間
- シーズン 5～9月
- 予約 必要(電話または公式サイトで)

Best time! 10:00 海アクティビティで一日をスタート!

早起きしてお出かけ!

朝ごはんを食べたら、石垣島の自然の中で遊べるアクティビティ!
体を動かして、健康的に1日を始めてみては?

Clear SUP

透明なボードで海の上をスイ～っと。

体験DATA
クリアサップ体験

- 料金 8800円
- 所要時間 2時間
- シーズン 通年
- 予約 必要(電話または公式LINEで)

CLEAR BULL 石垣島
クリア ブル いしがきじま

ドローン撮影付きツアーで!

石垣島北部のビーチでクリアSUPを体験。GoProの貸し出しやドローン撮影付き。写真データは無料でプレゼント。

☎090-1947-7963 ⏰9:00～19:00(時期により異なる) 🔒不定休

ボードが透明のクリアSUPなので、サンゴ礁の海を眺めながら楽しめるのが魅力

★★★ CLEAR BULL石垣島はプライベートツアー専門。詳細はインスタグラム@clear＿bullをチェックして。

SUP Yoga

石垣島の海からパワーをもらう！

体験DATA

SUPヨガ

料金 9000円　所要時間 3時間30分

シーズン 通年

予約 必要（電話か公式サイトで）

シュリシュティスタジオ石垣島
シュリシュティスタジオいしがきじま

完全プライベート制でリラックス

市街地から少し離れた静かなビーチでヨガレッスンを受けられる。ビーチでのティータイムや写真データのプレゼントも。送迎あり。

西部 MAP P.181 B-3
☎080-4344-8491 🏠石垣市新川1955-1 2F ⏰10:00～18:00 🈺不定休 🚗石垣港離島ターミナルから車で約10分 🅿なし

サンセットヨガやサンライズヨガも可能

ドルフィンファンタジー石垣島
ドルフィンファンタジーいしがきじま

イルカと遊べる多彩なプログラム

餌をあげたり握手をして、イルカと仲良くなってから一緒に泳ぐドルフィンスイムが人気。トレーナー体験や触れ合い体験も。

石垣タウン MAP P.181 B-3
☎0980-87-5088 🏠石垣市南ぬ浜町1 ⏰10:00/12:00/14:00/15:30/17:00（12～3月は10:00/12:00/14:00/16:00） 🔒荒天時 🚗石垣港離島ターミナルから車で約5分 🅿あり

ウェットスーツを着てイルカと一緒に泳ぐ

体験DATA

ドルフィンスイム

料金 1万780円　所要時間 2時間

シーズン 通年

予約 必要（電話または公式サイトで）

Dolphin

海のそばの体験施設で
人なつこいイルカに癒される♪

Sabani

沖縄の伝統的な木造船、サバニに乗れる！

体験DATA

サバニライド

料金 6000円　所要時間 1時間30分

シーズン 通年

予約 必要（電話または公式サイトで）

吉田サバニ造船
よしだサバニぞうせん

サバニで冒険気分を満喫♪

船大工・吉田さんが作るサバニに乗って、平久保半島周辺の海をクルージング。船でしか行けないプライベートビーチにも上陸できる。

北部 MAP P.180 E-2
☎090-6869-2395 🏠石垣市平久保234-243 ⏰10:00/13:00/15:00 夕方 🔒荒天時 🚗石垣港離島ターミナルから車で約45分 🅿あり

シュノーケルやサンセットを楽しめるビーチも

ゆし豆腐の
ワッフル!?

沖縄の郷土料理、ゆし豆腐を生地に練り込んだワッフルが、このお店の朝ごはんの人気メニュー。ベーコンや目玉焼きをトッピングしたごはん系と、アイスやフルーツをのせたスイーツ系がある。

おいしすぎてもはや事件!?

うまさん島ごはん
（おいしい）

朝ごはん編

ふわふわ＆ボリューミー！

チーズとベーコンエッグワッフル
1408円

さんぴん茶×パイン!?

オリジナルのパインサンピン茶540円（ワッフルとのセットは390円）はすっきりフルーティ

おみやげコーヒーもあるよ♡

姉妹店NUTSTOWN COFFEE ROASTERS（P.60）のドリップバッグコーヒー270円

フルーツどっさりすぎ注意♡♡

50cm！

ゆし豆腐ワッフルケーキ スペシャル
1296円

果物やホイップクリーム、アイスがのった贅沢バージョン。提供は10〜16時

島野菜カフェ Re:Hellow BEACH
しまやさいカフェ リハロウ ビーチ

オールデイに使えるオシャレ系カフェ

真栄里 MAP P.181 B-3 ☎0980-87-0865 🏠石垣市真栄里192-2 ⏰10:00〜21:30 不定休 石垣港離島ターミナルから車で約5分 Ⓟあり

八重山そば界でたぶん1番うまい。

八重山そば

八重山そばは、石垣島をはじめとする八重山地方の郷土料理。豚骨やカツオダシで取った優しい味わいのスープは遅めの朝ごはんにも◎。島胡椒のピパーツをかけて味わって。

来夏世
くなつゆ　　P▶030

あっさりスープとコシのある麺が絶品。お昼どきは混雑するので早めの時間が吉

じゅーしーも絶品♡

八重山そばセット
750円

うちな〜の朝ごはん三段活用。

ゆし豆腐

ゆし豆腐は、豆乳ににがりを入れ、固まり始めた状態のもの。おぼろ豆腐のようなふわふわ食感が魅力。ゆし豆腐が主役の定食は、お豆腐屋さんが営む食堂ならではのおいしさ!

できたて豆乳つき〜♪

とうふの比嘉
とうふのひが

創業70年以上の老舗豆腐店

石垣タウン MAP P.181 B-3 ☎0980-82-4806 🏠石垣市石垣570 ⏰6:30〜売り切れ次第閉店 🈺日曜 🚗石垣港離島ターミナルから車で約7分 🅿あり

毎朝手作りする自慢のゆし豆腐をたっぷり味わえる。豆乳、ご飯、漬物がセット

ゆし豆腐セット(大)
650円

「かりゆしゆし豆腐セット」もオススメ。

ゆっくり味わってね

卵白をメレンゲにした玉子焼き!

思ってたより倍デカイ♪

玉子焼き

お店の名物は、卵白をメレンゲ状に泡立てふわとろに仕上げただし巻き玉子。メインのおかずは玉子焼き、軟骨ソーキのオイスターソース煮込み、島魚のマース煮から2品を選べる。

旬家ばんちゃん
しゅんやばんちゃん

白保海岸そばのくつろげる食堂

白保 MAP P.180 D-3 ☎0980-87-0813 🏠石垣市白保13-1 ⏰8:30〜15:30(LO 13:30) 🈺不定休 🚗石垣港離島ターミナルから車で約10分 🅿あり

おかず2品、小鉢3品、黒紫米ご飯、汁物に、食後のデザートも付いたセット

ばんちゃんご膳
2200円

島時間 TOPICS & MEMO

[Topic 1]

THE BEST BEACH
クマノミに会えるかも

朝イチで見たい美ら海。
ココらでベストビーチを決めたる!

リゾートホテルのにぎやかなビーチや静かな隠れ家ビーチまで、美しい砂浜が点在する石垣島。ビーチをホッピングしてお気に入りのスポットを探してみて!

注意するコト

- ☐ 遊泳禁止エリアでは泳がない
- ☐ 離岸流に注意
- ☐ サンゴに触らない
- ☐ ハブクラゲなど危険生物に注意

リゾート気分♪

米原海岸
よねはらかいがん

天然ビーチ

サンゴ礁の海が広がる、約1kmのロングビーチ。シュノーケルで人気。
米原 MAP P.181 C-1
🏠石垣市桴海 ⏰遊泳自由 🚗石垣港離島ターミナルから車で約30分 Pあり

マエサトビーチ P▶017

アクティビティ / 設備充実

ホテルの目の前にあり、アクティビティが豊富なビーチ。シャワーは無料で使える。

川平タバガー
かびらタバガー

天然ビーチ

大きな岩がゴロゴロする秘境感満点のビーチ。未舗装の道の先にある。
川平 MAP P.181 B-1
🏠石垣市川平 ⏰見学自由 🚗石垣港離島ターミナルから車で約35分 Pあり

崎枝南浜
さきえだみなみはま

天然ビーチ

石垣島南部にあり、地元民に愛される穴場ビーチ。ブランコもある。
西部 MAP P.181 A-2
🏠石垣市崎枝 ⏰見学自由 🚗石垣港離島ターミナルから車で約30分 Pあり

底地ビーチ
すくじビーチ

アクティビティ / 天然ビーチ

モクマオウ林に囲まれた遠浅ビーチ。シャワーやトイレも完備。
川平 MAP P.181 B-1 ☎0980-84-4855(底地ビーチ管理事務所) 🏠石垣市川平185-1 ⏰9:00〜18:00(遊泳期間は3月下旬〜9月) 🚫無休 ¥入場無料 🚗石垣港離島ターミナルから車で約35分 Pあり

ONISASA

石垣島名物サクッと朝食
"オニササ"って知ってる?

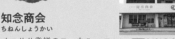

オニササ
250円也。

おにぎりとササミフライが合体した石垣島名物のB級グルメ。組み合わせを選べるセルフスタイルが楽しい!

《 作り方はこう! 》

① まずは、フライを選ぶ

大きなササミフライは170円。好みでソースやマヨネーズをかける。

② おにぎりを選ぶ

おにぎりは1個80円で、ふりかけごはんやじゅーしーなど約5種類。ササミフライの上にON。

③ 袋でギューッと

ビニール袋で包んでササミとおにぎりを一体化させる!

知念商会
ちねんしょうかい

オニササ発祥のローカルスーパーで、オニササ以外の総菜も豊富。フライはコロッケなどもある。

石垣タウン MAP P.181 B-3 ☎0980-82-9664 🏠石垣市登野城1249-18 ⏰7:00〜19:00 🈳無休 🚌石垣港離島ターミナルから車で約5分 🅿あり

WEATHER

諦めるのはまだ早い!
石垣島の天気は変わりやすい

湿度が高く、海に囲まれ、標高526mの於茂登岳がある石垣島は、短時間で強く雨が降ることが多い。曇りや雨の予報でも、風向きが変われば晴れることもあり、天気予報は外れがち。ネットで見られる雨雲レーダーも参考にして。

早朝ドライブで出かけたい
ベストな朝日スポット

水平線から朝日がのぼる日の出時間は絶景。東海岸の白保海岸や海を渡るサザンゲートブリッジがおすすめ。

白保海岸
しらほかいがん
白保 MAP P.180 D-3

サザンゲートブリッジ
石垣タウン MAP P.181 B-3

SUNRISE

ANIMALS

動物の飛び出し注意!
石垣島ドライブで気を付けること

石垣島は野生生物の宝庫。シロハラクイナなどが車道に飛び出して起こる交通事故が多いので、スピードの出しすぎには注意!

シロハラクイナ

思わず写真を撮りたくなる!
ニュースなホテル朝食

朝食をプールに浮かべて楽しむフローティングブレックファストは、リゾート感満点な写真が撮れるとSNSではもはやおなじみ。ANAインターコンチネンタル石垣リゾート(P.78)で体験できる。

HOTEL BREAKFAST

ISHIGAKI THE BEST TIME

IN THE

Noon

12:00 - 14:00

八重山そばや石垣牛バーガー、郷土料理の食堂
などなど、石垣島のお昼ごはんは選択肢が多
彩。島の中心部である石垣タウン以外にも、各
エリアに人気店が点在しているので、観光スポ
ットめぐりのプランに組み込んで。ランチのあ
とは、おみやげを探しにショッピングタイム♪

赤瓦の琉球古民家が素敵なかーら
家食堂（P.44）。店のすぐ裏手に
は放牧場が広がり、自然豊かなロ
ケーションも魅力的

八重山そばセット750円。そば(中)とじゅーしーまたは赤米のセット。漬物付き

BEST
1
これぞ八重山そば！な
王道のおいしさ

IN THE
noon
(12:00～14:00)

来夏世
くなつゆ

人気のじゅーしーは売り切れ必至

民家を利用した住宅街にある。
八重山そばは大、中、小があり、
シンプルながら一度食べたら忘
れられない味！
石垣タウン MAP P.181 B-3
☎0980-82-7646 🏠石垣市石垣203
🕙10:00～14:00 🈡日曜 🚗石垣港離
島ターミナルから車で約5分 🅿あり

Best time!
12:00

独断と偏見で最強を決定！

マイベスト 八重山そば を決める

石垣島グルメで外せないのが八重山そば。多くのお店がある中で、本当に
おいしいのはどこ!? と迷ったときに参考にしてほしいのがこちら。

▶ **お供はじゅーしー**

豚肉やひじきなどを
入れた沖縄風炊き込
みご飯。八重山地方で
はピパーツの葉を入
れることが多く、香り
もいい。

コーレーグース

赤トウガラシを泡盛
に漬けた沖縄では定
番の辛味調味料。

ピパーツ

八重山地方でとれる
島胡椒。山椒のような
すっきりとした辛味。

▶ **ちょい足し調味料**

そのまま食べてもおいしいけど、沖縄ら
しい調味料を途中で追加して、味の変
化を楽しむのもオツ。

▶ **具は豚肉＆かまぼこ**

具は細切りの豚肉とかまぼこがスタン
ダード。軟骨ソーキや三枚肉、アーサや
ゆし豆腐などトッピングは多彩。

▶ **豚骨ベースのスープ**

豚骨やカツオ節からダシを取ったクリ
アなスープは、コクがありながらもあっ
さりした味わい。

▶ **ストレート麺**

ストレートの丸麺が主流。弾力のある
もちっとした食感る、つるっとした喉ご
しが特徴。平麺もある。

▶ **八重山そばとは？**

★★★来夏世は有名店。満席の場合名前を書いて待つことになるのですが、回転が早いので意外と早く入れます。

030

海老そば1250円には石垣産車エビの素焼きをトッピング

BEST 3

石垣産の車エビをスープにも具にも！

三枚肉、ソーキ、かまぼこ入りのコッキそば1320円

BEST 2

麺、スープ、具材、全てにこだわりアリ！

嘉とそば
かとそば

エビのダシが効いたスープ

名物の海老そばのスープは濃いめの味噌味。エビダシが味の決め手になっている。スタンダードな八重山そばもある。

川平 MAP P.181 B-1
☎0980-88-2329 石垣市川平1216-602 ⏰11：30〜15：00(売り切れ次第閉店) 🚫水曜 石垣港離島ターミナルから車で約30分 Pあり

島そば一番地
しまそばいちばんち

7時間かけて仕込むスープが絶品

豚骨ベースのスープ、コシのある麺、じゅーしー、調味料のピパーツに至るまで、全てが自家製で丁寧に作られている。

ピパーツの新芽を混ぜ込んだジューシー275円

石垣タウン MAP P.182 D-2
☎0980-88-1781 石垣市宇石垣1-1 ⏰10：30〜15：30(LO15：00)、18：00〜21：30(LO21：00) 🚫木曜の夜 石垣港離島ターミナルから徒歩約7分 Pあり

BEST 5

味噌味のスープがクセになる味わい

BEST 4

八重山そば選手権でナンバーワンに輝いた

八重山そば600円、じゅーしーおにぎりは150円

レタスやもやししがのったみそそば700円はボリューム満点

キミ食堂
キミしょくどう

常連客に愛される昔ながらの食堂

自家製の味噌を加えた看板メニューのみそそばは、あっさりとしながらもコクのあるスープが特徴。野菜もたっぷり！

石垣タウン MAP P.181 B-3
☎0980-82-7897 石垣市登野城319-6 ⏰10：00〜16：00(売り切れ次第閉店) 🚫木曜 石垣港離島ターミナルから車で約5分 Pあり

平良商店
たいらしょうてん

グランプリ受賞の八重山そばが評判

鶏、豚、カツオ、昆布でダシを取ったスープが自慢。自家製ソーキの軟骨そーきそばや辛味噌野菜そばなどメニュー多彩。

石垣タウン MAP P.181 B-3
☎0980-87-0890 石垣市登野城506 ⏰11：30〜14：00 🚫土・日曜 石垣港離島ターミナルから徒歩約12分 Pあり

12:00

コレは絶対食べるって決めてた。

旨みがヤバい石垣牛バーガーのとりこ

ニューヨークのダイナーみたいなかわいい店内で♪

焼くのは注文が入ってから！
石垣牛の旨みが凝縮した分厚いパティ

隠し味はバルサミコ

IN THE **zoon** (12:00〜14:00)

**モザレラ
チーズバーガー
1639円**

石垣牛のパティ2枚にモッツァレラチーズ、トマトなどのグリル菜園野菜をサンド

VANILLA・DELI

VANILLA・DELI
バニラ デリ

石垣牛を100％使用

鉄板で香ばしく焼き上げる石垣牛パティのハンバーガーが評判で、オープン前から列ができるほど。

石垣タウン MAP P.182 D-2
☎0980-83-3270 🏠石垣市石垣12-2 1F ⏰11:30〜18:00(売り切れ次第閉店) 休不定休 🚢石垣港離島ターミナルから徒歩約8分 Ｐなし

高級ブランド肉を手軽に味わえる！

石垣牛は、八重山地方で20カ月以上飼育された黒毛和牛のこと。南国の温暖な気候により、脂身が多すぎずさっぱりとした肉質になるのだとか。

そんな高品質のブランド牛を、手頃なお値段で楽しめるのが、パティに石垣牛を使ったハンバーガー！ VANILLA・DELIでは、100％石垣牛を使用。粗挽き肉を手こねして、注文が入ってから焼き上げるそう。ゴロゴロとお肉の食感が感じられるパティは、食べた瞬間の幸福感が段違い……！ おいしさの秘密はパティに合わせて作られたバンズにも。全粒粉を使ったセミハード系のイングリッシュマフィンを香ばしくトーストしています。テイクアウトもできるので、時間がないときはドライブしながらピクニック気分を楽しんでみては？

アポカド
チーズバーガー
2820円
石垣牛のパティ、アボ
カド、ベーコン、チェダー
チーズのハンバーガー

100%石垣牛な
グルメバーガー

遅めの
ランチも!

ゆっくりと食事を楽し
める落ち着いた空間
も魅力。ステーキも美味

CORNER'S GRILL
コーナーズ グリル

3等級以上の石垣牛を使用
店主自らが買い付けに行く石垣牛を、ス
テーキ、ハンバーグで提供する店。種類豊
富なメニューがうれしい。
石垣タウン MAP P.182 D-2
☎0980-82-8050 🏠石垣市大川258-1 城西ビル
1F ⏰11:00～夕方(売り切れ次第閉店) 🈺不定休
石垣港離島ターミナルから徒歩約5分 Ⓟなし

YAMBURGER
ヤンバーガー

ハワイっぽいカラフルさ
パティは石垣島産ブランド和
牛、美崎牛の中でもA5ランクの
ものを100%使用。6種のトッピ
ングを追加してカスタムできる。

石垣タウン MAP P.183 C-2
☎0980-87-6010 🏠石垣
市美崎町16-14 ⏰11:00～
17:00 🈺不定休 🚏石垣港離
島ターミナルから徒歩約8分
Ⓟなし

この焼き印が
目印!

ヤンバーガー
1150円
美崎牛のパティに、ア
ボカドやトマトなど島
野菜をトッピング

島素材のバーガー

カスタムも楽しい

干潮のときだけ出現する
"幻の島" に上陸したい！

#ドローンで撮影♪

IN THE *Noon* (12:00-14:00)

体験DATA

幻の島+離島シュノーケル

料金	8000円
所要時間	3時間
シーズン	通年 ※開催時間8時20分〜12時
予約	必要（公式サイトで）

Trip 1 石垣島からツアーで行ける！

幻の島（浜島）
まぼろしのしま（はまじま）

360度海に囲まれた幻想的な島

砂州のみの浜島は、"幻の島"と呼ばれている。石垣島や小浜島から出航するマリンショップの船でアクセスできる。ウミガメの姿を見られることも！

幻の島は
午前中のみ！

BLUE BEAT 石垣島
ブルー ビート いしがきじま
☎090-6861-7027 🏠石垣市登野城576-1 🕐8:30〜20:00 🈁不定休
🚗石垣港離島ターミナルから車で約6分 🅿あり

海中絶景に出合える離島へのショートトリップ

石垣島周辺の海には、秘境感満点の小さな離島があり、石垣島から日帰りで訪れることができます。幻の島やバラス島、パナリ島は定期船がないので、旅行者はツアー会社かマリンショップで予約して、専用のボートでアクセス。シュノーケルとセットになっているツアーでは、人の少ない離島の周辺の海で、のびのびと泳ぐウミガメや熱帯魚たちに出合えます。ビーチでシュノーケルをするよりも、ダイナミックな海中絶景に出合えること間違いなし！ちなみに幻の島やバラス島は砂浜だけの島なので、潮位によって上陸できる時間が異なります。ツアー時間はその日によって変わるけど、数時間から半日かかるツアーに参加するなら、早めの時間に予約するのが吉。

Trip 2　サンゴのかけらでできた無人島へ!

バラス島
バラスとう

潮の満ち引きで姿を変える"奇跡の島"
西表島の北東にあり、真っ白なサンゴのかけらが堆積してできた島。周辺はサンゴが群生しており、高確率でウミガメに遭遇できるシュノーケルが人気。西表島の観光とセットになったツアーも。

体験DATA
"奇跡の島"バラス島ツアー
料金 1万2400円　所要時間 5時間
シーズン 通年
予約 必要（電話または公式サイトで）

ココで体験
西表島ツアーズ
いりおもてじまツアーズ
☎050-5212-8343

ココで体験
パナリ島観光
パナリとうかんこう
☎090-4984-8800

Trip 3　シュノーケルも島内散策も楽しんじゃう!

パナリ島（新城島）
パナリとう（あらぐすくじま）

八重山の方言で離れを意味する
パナリ島は上地島と下地島、隣り合う2つの島のこと。定期船はなく、シュノーケルやダイビングの穴場になっている。上地島はツアーで散策も可能。

体験DATA
おもいっきり新城島散策
＆シュノーケリングツアー
1日コース
料金 1万1500円　所要時間 8時間
シーズン 3〜10月
予約 必要（電話または公式サイトで）

のどかな集落を散策。神聖な島なので、立ち入り禁止の御嶽（拝所）も多い

Ⓐ 玉取崎展望台
たまとりざきてんぼうだい

東の海と平久保半島を望む

標高30mほどの丘の上にある展望台。穏やかなサンゴ礁の海を見下ろす。周辺には見晴らしのいいカフェもある。

北部 (MAP)P.180 D-1
🏠石垣市伊原間 ◎見学自由 🚗石垣港離島ターミナルから車で約35分 Ⓟあり

Best time!
13:00

島を一周ドライブしてみる？

半日で！ 絶景スポットをホッピング

繁華街のある石垣島の南部をスタートして、島の北東に突き出た平久保半島までドライブ！ 大自然が生み出した絶景スポットをめぐります。

IN THE Noon (12:00-14:00)

Ⓑ 平久保崎展望台
ひらくぼさきてんぼうだい

ココが石垣島の最北端！

平久保半島の牛の放牧場を抜けた先に、白亜の灯台が建つ展望台がある。右手には太平洋、左手には東シナ海が広がる。

北部 (MAP)P.180 F-1 🏠石垣市平久保 ◎見学自由 🚗石垣港離島ターミナルから車で約1時間 Ⓟあり

平久保崎展望台にある小高い丘に登ると、360度のパノラマビューを一気に！

Ⓒ 米原のヤエヤマヤシ群落
よねはらのヤエヤマヤシぐんらく

樹高15～20mの大木が林立！
石垣島と西表島にしか生息しないヤエヤマヤシが自生する群落内を散策できる。周辺にはパーラーやヤシ記念館もあり。
米原 MAP P.181 C-1
🏠石垣市米原 ⏰見学自由 🚗石垣港離島ターミナルから車で約30分 Ⓟあり

ヤシ群落の中にあるサタケ八重山ヤシ記念館

Ⓓ 川平タバガー
かびらタバガー

川平湾の北にある穴場！
非舗装の脇道を入った先にある、秘境感たっぷりのビーチ。遠浅の海がどこまでも続くので、足元まで浸かって水中観察してみて。
川平 MAP P.181 B-1 P▶026

車で45分

車で25分

車で20分

車で20分

Ⓑ

Ⓐ

Ⓒ

Ⓓ

Ⓔ

Ⓕ

車で15分

車で35分

Start!

Ⓔ 名蔵湾
なぐらわん

石垣島最大の穏やかな湾
国の天然記念物に指定されているヤエヤマヒルギを中心としたマングローブが自生している。堤防からの眺めは抜群。
西部 MAP P.181 B-2
⏰見学自由 🚗石垣港離島ターミナルから車で約20分 Ⓟなし

沖縄のチョウオオゴマダラを発見！

Ⓕ 石垣島鍾乳洞
いしがきじましょうにゅうどう

神秘的な地底空間を探検
太古の時代に海底にできたサンゴ礁が、20万年もの年月をかけて隆起した鍾乳洞。全長3.2kmのうち約660mを公開している。

石垣タウン MAP P.181 B-3 ☎0980-83-1550 🏠石垣市石垣1666 ⏰9：00～18：00 休無 ¥1200円 🚗石垣港離島ターミナルから車で約10分 Ⓟあり

入口には熱帯果樹園があり、さまざまな亜熱帯植物を見られる

14:00

お昼を食べたらお買い物でもしましょうか♪

南国モチーフな雑貨集め

沖縄や石垣島在住のクリエーターが作る、南国らしいアイテムが欲しい！
そんなときは、雑貨を扱うセレクトショップへ。

《 買ったものLIST 》

Ⓒ **キャップ 2600円**

Ⓒ **ミンサーお守り マース袋 500円**

シロハラクイナのワンポイントがかわいい。パインもあり

Ⓒ **ヤマネコTシャツ 3680円**

手作りのイリオモテヤマネコのワッペンがポイントのTシャツ

Ⓐ **やちむんのはしおき 各400円**

お清めの塩を入れたお守りは、沖縄の人にはおなじみのもの

太朗窯の作品。シオマネキやシロハラクイナなど石垣島らしいモチーフ

Ⓒ **ポチ袋 2枚入り180円**

Ⓐ **OH! PINE TEE 4180円**

Ⓑ **型抜きポストカード 200円**

色違いもあり！

実際に郵便で送れる。イラブチャーやヤギなどさまざまな図柄が

沖縄のフルーツをプリントしたペーパークラフトは集めたくなる度100%！

南国気分をブーストさせてくれるTシャツ

Ⓓ **ピンバッジ 各880円**

オオゴマダラ、西表島など八重山諸島の動植物を身につけられる

IN THE Zoon (12:00-14:00)

Ⓓ [カフェに併設] **島野菜カフェ Re:Hellow BEACH**
しまやさいカフェリハロウ ビーチ
カフェの入口にあるショップコーナーで、Hellow Island Souvenirによるオリジナルアイテムを購入できる。コーヒーなどのグルメみやげもあり。ショップのみの利用もOK。
真栄里 [MAP] P.181 B-3
P▶024、061

Ⓒ [オリジナル&セレクト] **サンゴツリー**
オーナーの佐野さんがデザインするオリジナル雑貨や島内の作家による作品を販売。アクセサリーやアパレルも。
石垣タウン [MAP] P.182 E-1
☎0980-88-6374 🏠石垣市大川206 109ビル ⏰10:00～19:00 無休 🚗石垣港離島ターミナルから徒歩約6分 Ⓟなし

Ⓑ [オリジナル] **さんぴん工房**
さんぴんこうぼう
ユーグレナモールにあるショップ。やちむんやペーパークラフト、布雑貨などを手作りする工房の直営。沖縄らしいほのぼのしたデザインが評判。
石垣タウン [MAP] P.182 D-1
☎0980-83-1699 🏠石垣市大川203-1 ⏰11:00～18:00 日曜 🚗石垣港離島ターミナルから徒歩約7分 Ⓟなし

Ⓐ [オリジナル&セレクト] **てしごとや**
店主の水上さんが手作りする布アイテムのほか、石垣島を中心とした作家の作品を扱う。商品は一点ものがほとんど。
石垣タウン [MAP] P.182 D-2
☎070-8586-6425 🏠石垣市大川210-2-1F ⏰10:30頃～19:00頃（季節により異なる）🈳不定休 🚗石垣港離島ターミナルから徒歩約6分 Ⓟなし

石垣島の伝統工芸、ミンサー織の布を取り入れたがま口ポーチ 3500円〜 Ⓐ

石垣島のこむ工房の豆皿はパステルカラーが特徴。各1000円 Ⓐ

てしごとやには、布雑貨を中心にやちむんやアパレルなどさまざまなアイテムが

6
7
8
9
10
11
12
13
14
15
16

沖縄本島にあるアトリエ、島しまかいしゃによる羊毛フェルトブローチ1400円〜 Ⓐ

17
18
19
20
21
22
23
0

Ⓐ 手縫いのポーチ 各3000円

石垣島の作家、hama子がひとつひとつ手作りするポーチ。アカショウビンなど色柄豊富

南国フードをごっそりハント！
島グルメみやげ、物産展 ♡

3種類あるマヨネーズソース
石垣島牛マヨ

石垣島の黒毛和牛が入ったマヨネーズ、野菜にディップしたりパンに塗ったり。チーズ＆アンチョビ入りなど3種類。Ⓐ

🏷 各997円

石垣島の花＆ハーブ
ハーブティー

ハイビスカスや月桃、バタフライピーなど、いろいろなフレーバーを飲み比べできるティーバッグタイプのお茶。Ⓐ

🏷 649円

島ハーブティー

お花入り
ハーブティー

🏷 769円

レトロなパッケージも◎
八重山ちんすこう

沖縄の伝統銘菓ちんすこう。ほんのり優しいココナッツ風味。15袋入りでばらまきみやげにぴったり。Ⓐ

🏷 486円

料理をワンランクアップ！
石垣島牛肉醤油

石垣牛の牛スジ脂と香味野菜をじっくり漬け込んだ醤油ダレ。お肉や魚、野菜など何にでも使える。Ⓑ

🏷 734円

産地が異なる黒糖食べ比べ
八重山諸島の黒糖

八重山諸島はサトウキビの産地。西表島、小浜島、波照間島、与那国島の4種類の産地の黒糖がそれぞれ小袋に。Ⓑ

🏷 各238円

濃厚な甘み＆爽やかな酸味
パイナップルケーキ

石垣島・西表島産のパイナップルを100％使用した自家製ジャムを包んだ焼き菓子5個入り。10個入りもある。Ⓐ

🏷 972円

Ⓑ ### ファーマーズマーケット
やえやま ゆらてぃく市場

ファーマーズマーケット やえやま ゆらてぃくいちば

石垣島のフルーツや野菜など生鮮食品が集まるローカルスーパー。お菓子や調味料などのおみやげも買える。

石垣タウン **MAP** P.183 C-2
☎0980-88-5300 🏠石垣市新栄町1-2 🕘9:00～18:00 🔒無休 🚢石垣港離島ターミナルから徒歩約7分 Ⓟあり

Ⓐ ### 石垣市特産品
販売センター

いしがきしとくさんひんはんばいセンター

石垣市公設市場(P.56)にあるおみやげ専門店。広いフロアに石垣島のお菓子、フード、調味料などが大集合しまとめ買いに最適。

石垣タウン **MAP** P.182 E-2
☎0980-88-8633 🏠石垣市大川208 石垣市公設市場2F 🕘10:00～19:00 🔒無休 🚢石垣港離島ターミナルから徒歩約6分 Ⓟなし

★★★ 石垣市特産品販売センターがあるのは石垣市公設市場内。地下1階のフードコートでも一部グルメみやげを扱っている。

おみやげ専門店やスーパー、農園直営のカフェなどなど、いろいろな所で
集めてきた石垣島のおいしいものたち。

自家農園のグァバを使用
グァバシロップ

グァバの甘い香りとベリーのような風味をギュッと閉じ込めたソース。ヨーグルトやパンケーキ、料理などに。Ⓒ

1058円

小さなカップ入りでかわいい
光楽園オリジナルナッツ

5種類のナッツに、波照間島産黒糖や石垣の塩、メープルシロップなどを絡めた3種のフレーバーがある。Ⓒ

各562円

農園カフェの手作りちんすこう
星のちんすこう

84もの星座を見ることができる八重山諸島にちなんだ星型、きび砂糖、石垣の塩、純製ラードなど材料にこだわる。Ⓒ

648円

果実そのもののような濃厚さ
ミニマンゴージュース

2種類のマンゴーをブレンドした、芳醇な味わい＆濃厚な口当たりが特徴。炭酸割りやカクテルのベースに。Ⓓ

594円

料理の隠し味にも使える！
パッションフルーツ
ドリンク

パッションフルーツの完熟果汁にグラニュー糖だけを加えた、4〜5倍希釈タイプ。お湯割りや牛乳割りも美味。Ⓓ

1188円

フルーツそのもののおいしさ
パッションジャム
＆マンゴージャム

濃厚な甘さのマンゴージャムと、甘酸っぱいパッションフルーツジャム。ラベルのイラストもかわいい。Ⓓ

各778円

《 ギフトにも！島素材×オーガニックチョコ 》

CACAO & Salty MARKET
ISHIGAKI   P▶063

オーガニックチョコレートと島の素材を組み合わせたアイテムを販売。ソープ缶入りダークチョコレートコーヒービーンズが人気

14:00

お世話になった人に贈りたい。

本気みやげの 塩&泡盛

石垣島のちょっと特別なおみやげといえば「石垣の塩」、そして沖縄に伝わる蒸留酒、泡盛！ せっかくなら、製造工程も見学しましょう。

満月の塩は
優しい味！

新月の塩(右)、
満月の夜の塩
(左)各1944
円。味の違い
を楽しめる

石垣島の海水で作る
石垣の塩

石垣島の沖合で取水する海水のみを使って作る、自然100％の海塩。塩味と甘みのバランスがいいため、どんな料理とも相性がいいと言います。製塩工房では製造工程を見学できるほか、塩の味比べや塩作り体験もできます。見て、味わって、お気に入りのひと品を選んで。

塩は
自然の恵み

IN THE Noon (12:00-14:00)

石垣の塩 各780円。ペーパーボックスがかわいく、贈り物にもいい

《 STORY 》

おいしさのヒミツ

名蔵湾の河口に群生するマングローブの植物成分とサンゴ礁のミネラルがブレンドされた海水が「石垣の塩」のおいしさの秘密。

石垣の塩
いしがきのしお

石垣島の海水そのままの味

於茂登岳からの湧き水が注ぐ名蔵湾のそばにある製塩工房。石垣の塩作り（要予約）は1時間3880円で体験できる。

西部 MAP P.181 B-2
☎0980-83-8711 🏠石垣市新川1145-57 🕘9:00～18:00 🈳無休 �If石垣港離島ターミナルから車で約15分 Ⓟあり

》 こうやってできる！ 《

炊き込み
大きな釜に海水を入れ、蒸気の力で煮詰める。低温でじっくりと炊き込み、塩の結晶が作られる。

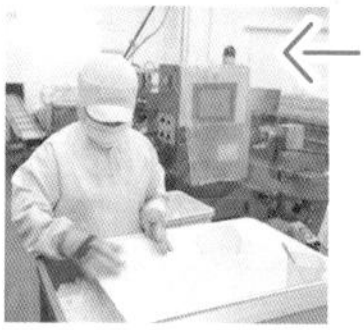

検査
最後に塩に異物が入っていないか検品する。人の目と手で丁寧に行われる。

天日干し
できた塩の結晶を50～70℃に設定したビニールハウスで乾燥させる。3週間から3カ月かかる。

★★★ 「石垣の塩」はスーパーやおみやげ店でも販売している。工房ではバスソルトも買える。

おもと古酒 43度2360円(右)、
於茂登 30度690円(左)

泡盛(あわもり)

1949年創業の高嶺酒造所は、沖縄最高峰の於茂登(おもと)岳から名付けた「於茂登」が代表銘柄。麹造りから蒸留まで、全行程を人の手で行っています。創業当時からの直火式地釜による蒸留で、味に深みとコクを引き出しています。

於茂登連山の天然水で仕込んでいます!

贈り物にもいいシルバーラベル

たくさん種類があるので、迷ったらスタッフに相談してみて

おもと古酒 30度1870円。長期熟成させた泡盛は古酒(くーす)と呼ばれる

《 **工場見学できる!** 》

高嶺酒造所
たかみねしゅぞうしょ

昔ながらの泡盛醸造所
醸造所では商品の購入や工場見学ができる。見学は無料で予約不要なので気軽に立ち寄れる。古酒のボトルキープは記念年におすすめ。
川平 **MAP** P.181 B-1
☎0980-88-2201 🏠石垣市川平930-2 ⏰9:00～17:00 🔒不定休 ¥見学無料 🚗石垣港離島ターミナルから車で約30分 🅿あり

昔ながらの直火式地釜による蒸留。蒸留後の泡盛は貯蔵して3カ月間以上熟成させる

《 **S T O R Y** 》

泡盛の歴史

15世紀の初めに琉球王朝のもとで作られた国内最古の蒸留酒。貿易国に貢ぎ物として献上した。

見学ギャラリーからガラス越しに製造工程を見られる

おばあちゃん家みたいな古民家で♪

おいしすぎてもはや事件!?
うまさん島ごはん
（おいしい）

食堂編

石垣島産車エビなんです。

かーら家食堂
かーらやしょくどう

八重山古民家造りの店内で、八重山そばや美崎牛のハンバーグ定食を味わえる食堂。島バナナやグァバなどのフレッシュジュースも評判。
北部 **MAP** P.180 E-2
☎0980-89-2886 🏠石垣市伊原間231-2 ⏰11:30～14:30（売り切れ次第閉店）❌木・金曜、月1回不定休 🚗石垣港離島ターミナルから車で約40分 🅿あり

石垣産エビフライ定食
2000円

石垣産の車エビがメインで、小鉢は日替わり。料理は全て手作り

（瓦屋根）
かーらやーの古民家で。

赤瓦屋根の伝統家屋を利用した食堂なら、くつろぎながら食事ができる！沖縄の郷土料理を味わって。

ほっこりすするならアーサ汁一択さ～。

アーサー汁定食
800円

八重山諸島の黒島のアーサー（アオサ）と豆腐のスープ。定食はご飯・小鉢・漬物が付く

何はともあれ！ゴーヤーちゃんぷる～

ゴーヤーチャンプルー定食
850円

ゴーヤー、豆腐、玉子、ポークランチョンミートの炒め物。お手頃価格がうれしい

まっくろ!!だがウマイ…!!

イカ墨ソーメン
チャンプルー 800円

ゆでたソーメンにイカ墨を加えて炒めた定番料理

南ぬ島
ぱいぬしま

繁華街のど真ん中にある食堂。店主の玉代勢さんが作る家庭料理は、漬物に至るまで全て手作り。夜は居酒屋としても使える。
石垣タウン **MAP** P.182 E-2
☎0980-82-8016 🏠石垣市大川224 ⏰11:00～15:00(LO14:30)、17:00～23:00(LO22:30) ❌日曜 🚗石垣港離島ターミナルから徒歩約5分 🅿あり

牛汁とは。

牛肉や牛モツ、ニンジンなどを煮込んだ八重山地方の郷土食。八重山そばにのせれば「牛そば」に！

一休食堂
いっきゅうしょくどう

石垣タウン (MAP) P.181 B-3
☎0980-82-1803 🏠石垣市石垣716-1
🕚11：00～17：00 🔒月曜 🚌石垣港離島ターミナルから車で約10分 Ⓟあり

牛そば
700円

半年かけて作る自家製宮古みそを使ったスープと、ほろほろの牛肉が美味

牛汁って、知ってますか？

島んちゅのソウル、それはポーたま…！

ポーク玉子
600円

ポーク玉子のほかにご飯、ミニ八重山そば付きでボリューム十分

ポーたまでほっこり

ポークランチョンミートと玉子焼きをセットにした「ポーク玉子」は大衆食堂の定番。

なかよし食堂
なかよししょくどう

石垣タウン (MAP) P.183 A-2
☎0980-82-3887 🏠石垣市新栄町26-21 🕚11：30～17：30 🔒水・土曜 🚌石垣港離島ターミナルから徒歩約14分 Ⓟあり

やっぱり八重山そば

八重山そばも食堂の定番メニュー。川平公園内にある老舗の八重山そば店で、沖縄料理と共に味わおう。

川平公園茶屋
かびらこうえんちゃや

川平 (MAP) P.181 B-1
☎0980-88-2210 🏠石垣市川平934-37 🕚10：00～16：00 🔒木曜 🚌石垣港離島ターミナルから車で約30分 Ⓟあり

八重山そば
700円

地元の人も太鼓判を押す一杯。ソーキそば900円も人気

ごーやーちゃんぷる一定食900円

石垣島のカタチのかまぼこ

ISHIGAKI THE BEST TIME

IN THE

Afternoon

15:00 - 17:00

午後はのんびりドライブしつつ、カフェめぐり
な気分。海辺にあるオープンエアのお店で、潮
風を感じながらトロピカルフルーツを味わって
みては？ 街なかなら、デザインがかわいいコー
ヒースタンドやかき氷の話題のお店へ。途中で
石垣市公設市場にも寄り道して。

スムージーやフルーツシェイブアイスを提供するFARM & CAFE 光楽園（P.49）。緑に囲まれたガーデンでひと休みできる

Best time!

15:00

フルーツ農園直営カフェで。

南国デザートを 一生分食べる！

石垣島はパイナップルやグァバなどの
フルーツの産地。農園直営のカフェで、
トロピカルフルーツを食べまくる！

フルーツジュース
飲み比べ

4

3

2

おみやげに
ジャム♪

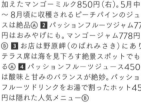

1 パパパ600円はパパイヤとパイナップル
のジュース（左）、マンゴージュースに牛乳を
加えたマンゴーミルク850円（右）。5月中旬
〜8月頃に収穫されるピーチパインのジュー
スは絶品Ⓐ **2** パッションフルーツジャム778
円はおみやげにも。マンゴージャム778円も
Ⓑ **3** お店は野原岬（のばれみさき）にあり、
テラス席は海を見下ろす絶景スポットでもあ
るⒶ **4** パッションフルーツジュース450円
は酸味と甘みのバランスが絶妙。パッション
フルーツドリンクをお湯で割ったホット450
円は隠れた人気メニューⒷ

Ⓑ 川平ファーム
かびらファーム

森の中

川平湾を見下ろす高台にあるフルーツ
加工品店。テイクアウトのジュースの
ほか、おみやげ用の加工品を販売する。
川平 MAP P.181 B-1
☎0980-88-2475 🏠石垣市川平1291-63
🕙10:00〜18:00 🚫不定休 🚌石垣港離島
ターミナルから車で約25分 🅿あり

Ⓐ のばれ岬観光農園
のばれみさきかんこうのうえん

オーシャン
ビュー

海に面した岬に建つ、パイナップル畑に
囲まれた農園直営カフェ。店内の席と、
オープンエアの広いテラス席がある。
東部 MAP P.180 D-1
☎0980-89-2744 🏠石垣市 桃里165-
395 🕙10:00〜16:00 🚫木曜 🚌石垣港
離島ターミナルから車で約30分 🅿あり

5 シークヮーサーのフレッシュジュース660円。甘さは調節できるⓒ 6 店の奥には広いテラス席があり、ジャングルを見下ろしながら休憩できる。ブランコもあり、写真を撮るのが楽しいⓒ 7 パインかき氷700円。ふわふわの氷の上に、果実そのままのようなとろとろのパイナップルシロップがたっぷりのった絶品ⓓ 8 名蔵湾を見下ろす東屋で味わえる。農園に併設されているアンパル陶房では、陶器の展示販売を行っており、自由に見学できるⓓ 9 農園で栽培するグァバのかき氷やジュース、ジーマミーぜんざい680円も人気ⓓ 10 パインジンジャージャム680円やグァバジャム730円、ミックスジャム790円などおみやげアイテムも買えるⓓ

ⓓ 宮良農園

みやらのうえん

location オーシャンビュー

季節のフルーツを使ったジュースやかき氷を味わえるパーラー。農園で栽培したフルーツやハーブの加工品も。

西部 MAP P.181 B-2
☎0980-83-4077 石垣市新川1134 ⏰11:00～17:00 🔒火・水曜 🚗石垣港離島ターミナルから車で約15分 Ⓟあり

ⓒ FARM & CAFE 光楽園

ファーム アンド カフェひかりらくえん

location マウントビュー

自家栽培のグァバをメインに、石垣島産の旬のフルーツを使ったジュース、スムージー、フラッペを提供する。

中央部 MAP P.181 C-2 ☎0980-88-8731 石垣市平得1535-16 ⏰9:30～17:00(LO16:30) 🔒不定休 🚗石垣港離島ターミナルから車で約15分 Ⓟあり

Best time! 石垣島のおやつ休憩はここで。

15:00 海カフェで絶景を眺めて リラックス気分をブースト♡

リゾート気分を上げてくれる、オーシャンビューカフェでひと休み。

view Spot

1 プライベートビーチのような静かな海を見下ろす高台のテラス席が特等席！

ランチも
カフェも♪

海に面して造られた高台のテラス席は早い者勝ち。階段を上ってアクセスする

**タコライス
1100円**

タコライスやバターチキンカレーなどで遅めのランチも可能

ALOALO CAFE
アロアロ カフェ

川平湾近くのオープンエアカフェ

赤瓦のコテージに泊まれるリゾート施設に併設のカフェ。ビーチに下りてお散歩することもできる。

川平 **MAP** P.181 B-1
☎0980-87-0610 🏠石垣市川平
1215-228 🕚11:00 〜 17:30
(LO17:00) 🈳不定休 🚗石垣港離島
ターミナルから車で約30分 🅿あり

沖縄らしい東屋の席も。好きな場所をキープして

★★★ ALOALO CAFEがあるALOALO BEACH川平は、貸別荘感覚で泊まれるコテージタイプの宿泊施設！

1 マンゴーラッシー 750円 **2** 広いテラス席から海を見渡す

view Spot

南国植物のガーデンの先に
海を望む
白亜のカフェレストラン

地中海リゾートみたい!?

トロピカルパフェ
950円
ブルーシールのアイスやパインソルベ、たっぷりのフルーツが！

Natural Garden Cafe PUFF PUFF
ナチュラル ガーデン カフェ プカプカ

本格的な料理＆スイーツに定評アリ
海にプカプカ浮いているようなイメージで造られたというテラス席など、空間の魅力さはピカイチ。予約制の屋上BBQも人気。

白い建物が目印。広い店内席もある

真栄里 MAP P.181 B-3 ☎0980-88-7083 🏠石垣市
真栄里193-1 ⏰10：30 ～ 21：00(LO20：30) 🔒無休
🚗石垣港離島ターミナルから車で約5分 Ⓟあり

ピンクハイビスカスソーダ
850円
ハイビスカス、マンゴー、ベリーが入った爽やかなドリンク

Best time!
15:00 見た目もファビュラス！ 島かき氷 頂上決戦

いちごマスカルポーネ1200円

看板メニューはこれ

歩道にテーブル席がある！

Entry **No.2**

hinata cafe Ishigaki の
モンブラン氷

石垣島のブランド紅イモ「沖夢紫」をしぼったモンブラン風クリームがトップに。自家製の練乳との相性抜群。

Entry **No.1**

石垣島マンゴーファームキッチンの
マンゴーかき氷

かき氷の上にたっぷりのカットマンゴー、マンゴーソース、練乳をトッピング。

ケーキみたい

フルーツ系

石垣島にしかない紅イモをトップにもシロップにも！

マンゴーは全て石垣島産の贅沢なかき氷！

沖夢紫のモンブラン氷 1200円

たっぷりマンゴーみるくかき氷 840円

hinata cafe Ishigaki
ヒナタ カフェ イシガキ

丸いフォルムがかわいいかき氷
手作りシロップとこだわりの練乳をたっぷり使ったふわふわのかき氷で人気の店。氷はきめが細かく、頭がキーンとならないのも人気の秘密かも。

石垣タウン MAP P.181 B-3
☎なし 🏠石垣市登野城510 1F イベント&コワーキングスペース「チャレンジ」前 ⏰11:00～17:00 🚫火曜 �';石垣港離島ターミナルから徒歩約14分 Ⓟあり

石垣島マンゴーファームキッチン
いしがきじまマンゴーファームキッチン

かき氷はメニューが多彩
石垣島産マンゴーやパッションフルーツ、パイン、波照間産黒糖、紅イモなど地元の食材を使用。テイクアウトして、お店の前や横にあるテラス席で味わって。

石垣タウン MAP P.182 E-3
☎0980-88-8151 🏠石垣市美崎町4 ホテルTHIRD1F ⏰10:00～18:00（変動あり）🚫不定休 🚏石垣港離島ターミナルから徒歩約2分 Ⓟなし

★★★石垣島マンゴーファームキッチンがあるビルには、話題のライフスタイルホテルTHIRD ISHIGAKIがある。

IN THE **Afternoon** (15:00-17:00)

052

カラフルかき氷を食べ比べしたい！

南国・沖縄で味わいたいおやつといえば、かき氷！沖縄のかき氷は、金時豆のぜんざいの上にかき氷をのせた「氷ぜんざい」が定番ですが、個性豊かなかき氷がたくさんあって、どれを食べるかなかなか決められない……。ならば全部！とお腹の限界に挑む食べ比べを敢行しました。旬の果物をどっさりのせたフルーツ系や、まるでケーキのような見た目のラグジュアリー系(?)は、ボリューム満点で見た目もかわいく、満足感120％。カビラブルーフラッペに至っては、かき氷のおいしさだけでなくオーシャンビューというロケーションの素敵さもあいまって、言うことなしです。最後はサトウキビの素朴な甘さにホッと癒される氷ぜんざいに原点回帰。全て甲乙つけがたく、石垣島の"かき氷沼"にどっぷりハマってしまいそう！

Entry No.4

石垣島冷菓の さとうきびぜんざい

きな粉やサトウキビパウダーがかかったサラサラかき氷の下に、小豆や金時豆が隠れている。優しい甘さが特徴。

あんこ&求肥の今川焼も！

伝統系

沖縄風の氷ぜんざい

サトウキビの甘さに癒される

さとうきびぜんざい 500円

石垣島冷菓
いしがきじまれいか

3日かけて作る特製氷がポイント
空気を含ませながら削った氷を袋詰めにして保存しておくという独特のスタイルがおいしさの秘密。袋に入れた状態でテイクアウトもできる。

石垣タウン MAP P.183 D-1
☎0980-88-6077 ▲石垣市大川305 ◎10:00～12:00または12:00～16:00(日により異なる) ▲日曜 ▲石垣港離島ターミナルから徒歩約12分 ▲なし

Entry No.3

R's cafeの カビラブルーフラッペ

川平湾の海の色をイメージしたブルーハワイ＆練乳のかき氷。トップはジャージー牛乳アイス。

カラフル系

トロピカル気分なカラフルかき氷

カビラブルーフラッペ 800円

R's cafe
アールズ カフェ

海辺の喫茶室で自家製スイーツを
店内から川平湾を眺められる店。かき氷はカビラブルーフラッペのほかに、いちごフラッペや沖縄風抹茶ぜんざい、アイスがのった抹茶ぜんざいスペシャルが。

川平 MAP P.181 B-1
☎0980-88-2288(琉球真珠) ▲石垣市川平934 ◎9:00～17:00(LO16:30) ▲無休 ▲石垣港離島ターミナルから車で約30分 ▲あり

15:00 琉球スポットが楽しい♪

島のカルチャーをプチ体験するなら

石垣島を初めて訪れる人は、ホテルや飲食店が密集する繁華街のにぎやかさに驚くのではないでしょうか。亜熱帯ジャングルが広がる一方で、街なかのにぎわいも感じられる。そのギャップが石垣島の魅力なのです。だけど、もっとローカルな石垣島を体感したい！そんな人におすすめなのが、島の歴史やカルチャーを訪ねる体験です。「石垣やいま村」は、八重山地方の家並みを再現したテーマパーク。園内には国の有形文化財に登録された赤瓦の古民家が建ち並びます。琉球衣装を着てみたり、自分だけのシーサーを作ったり。沖縄ならではのカルチャーに触れることができます。八重山地方に伝わるミンサー織を紹介する「みんさー工芸館」も、一度は立ち寄りたいスポット！

Spot 1

まるでタイムスリップ!?
八重山古民家にお邪魔します。

カラフルでかわいい！

琉球衣装を着てみる！

琉球王朝時代に生まれた染め物「紅型(びんがた)」の伝統装束を体験。マイカメラ○K。

体験DATA
琉球衣装体験
料金 500円 所要時間 5分
予約 不要 ※2023年2月現在

石垣やいま村
いしがきやいまむら

大人も子どもも楽しいテーマパーク

名蔵湾を見下ろす丘の上にあり、八重山地方の自然やカルチャーに触れることができる。体験メニューのほかに食堂やショップもそろう。

西部 MAP P.181 B-2 ☎0980-82-8798 🏠石垣市名蔵967-1 🕘9:00～17:30(最終受付17:00) 🈺不定休 ¥入園1000円 🚗石垣港離島ターミナルから車で約20分 🅿あり

こんなところに!?
マングローブを探検

マングローブが広がる名蔵アンパルを散策できる見学コースがある。シオマネキやトントンミーなど貴重な動物も！

カンムリワシも保護

ウワサのリスザル園へ

リスザルの森では、中南米原産のボリビアリスザルを自然の中で飼育。人なつっこく、餌やり体験もできる。

★★★「石垣やいま村」では交通事故で傷ついた野生のカンムリワシのリハビリも行っている。

Spot 2

ミンサー織を見る、そして買う！

機織り機でミンサーアイテム作り！

機織り機で手織り体験ができる。約30分でできるコースターのほか、本格的なテーブルセンターなども作れる。

体験DATA

コースター手織り体験
料金 1500円 所要時間 20〜30分 予約 可

みんさー工芸館
みんさーこうげいかん

八重山ミンサー織の魅力を紹介

ミンサー織の歴史を紹介する資料室、手織り体験工房、ショップがある。糸染めや織りなど実際の制作風景も見学できる。

石垣タウン MAP P.181 B-3
☎0980-82-3473 ♠石垣市登野城909 ⊙9:00〜18:00
♠無休 ¥見学無料 ♠石垣港離島ターミナルから車で約5分 ℗あり

色違いでほしくなる！

ショップでは職人が作ったアイテムを購入できる。巾着各1925円

〜〜〜〜 文化財もお見逃しなく 〜〜〜〜

桃林寺
とうりんじ

八重山地方最古と伝わる仏教寺院

観音菩薩を祀る臨済宗妙心寺派のお寺で、約400年の歴史があると言われる。御朱印をいただくこともでき、大晦日や初詣には多くの参拝客が訪れる。

石垣タウン MAP P.183 B-1
♠石垣市石垣285 ⊙7:00〜19:00(冬期は〜18:00) ♠無休 ¥参拝自由 ♠石垣港離島ターミナルから徒歩約10分 ℗あり

唐人墓
とうじんばか

極彩色が美しい慰霊碑が建つ

島の西端の観音崎にある中国人の霊を祀ったお墓。江戸時代末期に石垣島沖で座礁した、米船バウン号に乗っていた中国人労働者を慰霊して建設された。

フサキ MAP P.181 A-3
♠石垣市新川富崎 ¥見学自由 ♠石垣港離島ターミナルから車で約13分 ℗あり

宮良殿内
みやらどぅんち

瓦葺きの伝統建築を訪ねる

1819(文政2)年頃に建てられた琉球王朝時代の士族屋敷で、国の重要文化財に指定されている。建物の内部や枯山水の庭園を見学できる。

石垣タウン MAP P.182 D-1
♠石垣市大川178 ⊙9:00〜17:00 ♠火曜 ¥見学200円 ♠石垣港離島ターミナルから徒歩約10分 ℗なし

Best time!
16:00

ユーグレナモールのど真ん中にある。

グルメな公設市場に潜入

石垣産もずくも買えちゃう

リニューアルした
"島の台所"へ！

ユーグレナモールは石垣島の繁華街にあるアーケード商店街。中央通りと銀座通りの2本の通りに100以上ものお店が立ち並ぶにぎやかなエリアです。その中心にあるのが、「石垣市公設市場」。1899（明治32）年に開設された歴史ある市場で、精肉・鮮魚などを扱える便利なスポットなのです。

"島の台所"として親しまれてきました。2021年にリニューアルし、市場で買ったものを座って食べられるフードコートが誕生。手軽に食べられるワンハンドフードなどのお店が充実しています。朝から夕方まで通しで営業しているので、遅めのランチやおやつタイムなど、いろいろなシーンで使える便利なスポットなのです。

石垣市公設市場
いしがきしこうせついちば

ちょい食べ＆ちょい飲みが楽しい！

石垣タウン MAP P.182 E-2 ☎0980-88-8634 ♠石垣市大川208 ⏰9:00～17:00（土・日曜は11:00～15:00）🈺第2・4日曜 石垣港離島ターミナルから徒歩約6分 Ⓟなし

B1F 朝から使える
フードコートが楽しい♪

さくっと
食べたいときに

1F 広〜いショップで
おみやげまとめ買い！

石垣みやげが
だいたいそろう

Ⓔ 石垣市特産品
販売センター

2F 夜までやってる
食堂もあり！

Ⓓ いちば食堂

青空広場

屋上広場
発見！

★★★ 1階はショップコーナー。「シマストア」「ACHICOCO」では島モチーフのTシャツが買えます。

新感覚スイーツが美味 たい焼きがパフェに!?

西表島の完熟パイン入り

1 完熟パインアップルスイートチリソース1150円 **2** 西表島の塩が入ったチャンプルーコーヒー 350円 **3** 米粉のパインたい焼きパフェ 680円 **4** ドラゴンフルーツと西表パインのスムージー 600円

A 竹富町商店
たけとみちょうしょうてん

離島発のおいしいもの

西表島や黒島など竹富町の島々がテーマのスイーツやドリンク、おみやげを販売。西表島の米粉とパインを生地に練り込んだたい焼きパフェが名物。

☎なし ◎10:00〜18:00 🔒第2・4日曜、ほか不定休

泡盛と串揚げをちょっとずつ

石垣牛あぶり寿司も付いたひとくちセットは1200円

C ひとくち亭
ひとくちてい

酒飲みさんにうれしいお店

おつまみにちょうどいいひと口サイズの串揚げの店。もろみ豚を使ったカツはサクサク！

石垣島の泡盛3種飲み比べセットは500円（古酒3種1000円）

☎なし ◎10:30〜17:00 🔒第2・4日曜

ポーク玉子おにぎりは正義なのです

アボカド＆ポークたまご400円。わさび醤油が隠し味！

B 島のおにぎり屋 うちょうりゃ
しまのおにぎりや うちょうりゃ

1個でも大満足のボリューム

ランチョンミートと玉子焼きを挟んだポーク玉子おにぎりをはじめ、島の食材を使ったおにぎりがそろう。

がっつりタイプならもろみ豚メンチカツおにぎり400円

☎なし ◎10:00〜17:00 🔒第2・4日曜、木曜

こちらもチェック

E 石垣市特産品販売センター
いしがきしとくさんひんはんばいセンター

石垣島のいいものが大集合

広い店内にお菓子や調味料、泡盛など、石垣島のおみやげがずらり。雑貨や工芸品のコーナーも。

P▶040

D いちば食堂
いちばしょくどう

最上階にあるお手軽食堂

市場直送の新鮮なマグロや八重山地方の家庭料理を提供する食堂。昼から夜まで通し営業しているのが魅力。

☎0980-84-1426 ◎11:00〜20:00（LO19:30）🔒日曜

ピンクの外観が目印のNUTSTO
WN COFFEEROASTERS（P.
60）。コーヒーをテイクアウトし
てドライブしながら楽しんで

Best time!
16:00

ひと休みはココで。
話題のコーヒースタンドを
チェックしてみた！

推しコーヒー

推しおやつ

アイスラテ570円（左）と自家製クッキー350円（右）。ラテは牛乳を豆乳やオーツミルクに変更できる

コーヒー好きは要チェックな〝寄り道カフェ〟へ

おいしいコーヒーでひと休みしたい！そんなときは、コーヒースタンドへ。ここ数年でカフェが続々とオープンしている石垣島では、コーヒースタンドも話題。お店の外観もかわいく

て、わざわざ立ち寄りたいお店ばかりなんです。コーヒーはそれぞれのお店にこだわりがあるので、お気に入りを見つけて。片手でパクッと食べられるワンハンドスイーツもあって、次どこ行く？とプランを練りながら休憩するのにぴったり。

NUTSTOWN COFFEEROASTERS
ナッツタウン コーヒーロースターズ

世界中のコーヒーを焙煎＆抽出
ハンドドリップやコールドブリューなどのコーヒーのほか、ナッツクリームなどをのせたデザート系ラテが人気。

石垣タウン **MAP** P.181 B-3
☎0980-87-0979 🏠石垣市大川538-2 🕐07:00～18:00 🔒無休 🚗石垣港離島ターミナルから車で約6分 🅿️あり

ピンクの外観が目印。店内にはイートインスペースもある

HELLOW!
SPECIALTY COFFEE

TO GO BEVERAGES
BAKED CAKES!

KEEP WEIRD

NUTSTOWN

NUTS TOWN COFFEE ROASTERS

推しコーヒー

POPPY700円
(M)はポップコー
ンがのった甘いデ
ザート系コーヒー

COFFEE STAND

Re: Hellow

Nutstown
COFFEE AND SCONE

島野菜カフェ
Re:Hellow BEACH
しまやさいカフェ リハロウ ビーチ

自家製の焼菓子と共に
国道390線沿いの一軒家カフェに併設された、テイクアウト専門のスタンド。クリームチーズ入りのスコーンも美味。
P▶024、038

コーヒースタンドは国道沿いにある。
イートインは裏の入り口に回って

推しおやつ

KLATCH COFFEE
クラッチ コーヒー

おみやげ用コーヒーも充実
小浜島で焙煎したスペシャルティコーヒーを提供。コーヒー豆も買えるので、お気に入りを持ち帰って自宅で楽しんで。
石垣タウン (MAP) P.182 D-1 ☎080-7882-9873 ♠石垣市大川200-1 ○7:00〜17:00 ♨無休 ♣石垣港離島ターミナルから徒歩約10分 ℗あり

ふわふわのドーナツが絶品。月桃290円など沖縄らしいフレーバーも

KLATCH COFFEE

推しコーヒー

アメリカーノは530円(M)。ラテやカプチーノも

おいしすぎてもはや事件!?

うまさん島ごはん
（おいしい）

色々なフレーバーが楽しい〜

おやつ編

おかあさんが
手作りしていますよ

揚げたてが
一番☆

グァバ

ヨモギ・ニガナ

紅芋

プレーン

Ⓐ 沖縄の素材を使ったフレーバーが7〜8種類。蒸した紅イモを練り込むなど素材そのものの味が魅力

サーターアンダギー
各100円

外サク&中フワの
理想のあんだぎー
↓ なのです!!

カットフルーツも
トッピング

マストな沖縄おやつといえば

さーた−
あんだぎー。

沖縄風の揚げドーナツ。「さーたー」は砂糖、「あんだぎー」は油で揚げたもの、という意味。

石垣島産マンゴーシェイク
石垣島産パインシェイク
600〜650円

Ⓑ フルーツの濃厚さが魅力のスムージー。トップには贅沢にカットフルーツも！

Ⓑ プレーン2個、紅イモ味2個、黒糖味1個、ミニサイズ3個入りで、色々な味を楽しめる

サーターアンダギー
ミックス 650円

Ⓒ **R's cafe**
アールズ カフェ

川平湾に面した喫茶室。南国フルーツのジュースやかき氷でひと休みできるほか、沖縄そばなどランチメニューも。

P▶053

Ⓑ **石垣島 THE SHAKE**
いしがきじま ザ シェイク

マンゴーやバナナ、パインなど、石垣島産のフルーツを使ったスムージーと、揚げたてのさーたーあんだぎーが評判。

石垣タウン **MAP** P.182 E-2 ☎なし 🏠石垣市大川1730コート1F ⏰12:00〜21:00 📅不定休 🚢石垣港離島ターミナルから徒歩約4分 🅿なし

Ⓐ **さよこの店**
さよこのみせ

店主の東恩納さんが手作りするさーたーあんだぎーは、1日800個以上売れる大人気。行列ができることも！

石垣タウン **MAP** P.182 E-1 ☎0980-83-6088 🏠石垣市登野城170 ⏰10:00〜売り切れ次第閉店 📅日曜・不定休 🚢石垣港離島ターミナルから徒歩約9分 🅿あり

ⓒ「ぽーぽー」は黒糖を使った沖縄のクレープ。しっとり＆優しい甘さの生地は、アイスと相性◎

ポーポー ジャージー
牛乳アイス付き　850円

ハーフマンゴー
660円（右）

マンゴー

ミルク

ハーフ＆ハーフ
495円（左）

ⓔ毎朝とれたての新鮮ミルクを使用。石垣島のフルーツを中心に、12種類から選べる。マンゴーは＋165円

紅芋

沖縄版
クレープ！

南国フルーツがギュッと！
ジェラート＆
アイスクリーム。

石垣島のフルーツをたっぷり使った自然派ジェラート。黒糖や塩、紅イモなどフレーバーはいろいろ。

沖縄フレーバー、
そろってます！！

パイン

ご当地かき氷の
沖縄ぜんざい。

金時豆を甘く煮たぜんざいを使うのが沖縄風。波照間島の黒糖の黒蜜やきなこ、などと相性ぴったり。

チョコレートはゼッタイ！

黒蜜＆きなこはこの世の正義

コーンも美味なんです。

ⓕカカオの香りが上品なチョコレート味は定番。マンゴーや紅イモなど沖縄ならではのフレーバーも。ワッフルコーンは＋50円

選べる2種類のジェラート
880円〜

Yummy---！！

波照間島黒蜜のきなこぜんざい
1100円

ⓓ波照間島産の黒糖シロップをたっぷり使用。金時豆のぜんざいや白玉もトッピングしたぜいたくバージョン！

ⓕ CACAO & Salty
MARKET ISHIGAKI
カカオ ＆ ソルティ マーケット イシガキ

世界のカカオやコーヒー、石垣の塩を使ったスイーツを販売。ジェラートはチョコレートや南国フルーツ、泡盛など10種。石垣タウン MAP P.182 E-2 ☎0980-82-2206 🏠石垣市大川249-1 ⏰11：00〜21：00（カフェは〜19：00）🔒不定休 🚌石垣島離島ターミナルから徒歩約5分 Ｐなし

ⓔ ミルミル本舗 本店
ミルミルほんぽ ほんてん

名蔵湾を見下ろす絶好のロケーションで自家製ジェラートを味わえる。ミルミルチーズバーガー737円も絶品！フサキ MAP P.181 B-3 ☎0980-87-0885 🏠石垣市新川1583-74 ⏰10：00〜日没 🔒無休 🚗石垣港離島ターミナルから車で約15分 Ｐあり

ⓓ hinata cafe Ishigaki
ヒナタ カフェ イシガキ

頭が痛くならないふわふわのかき氷で人気の店。いちごマスカルポーネやマンゴーミルクなど、フルーツ系も充実。

P▶052

島時間 TOPICS & MEMO

Topic 1

LATE LUNCH

遅めのお昼ごはんならココ!
ランチ難民の強い味方を見つけました。

朝から夕方までノンストップのカフェ。本格的なフードメニューはリピート間違いなしのおいしさ。テイクアウトもOK。

1

デザートは
コレ!

3

Green Flash Cafe

Green Flash Cafe
グリーンフラッシュカフェ

南部 MAP P.181 C-3 ☎0980-87-9584 🏠石垣市宮良1054-82 ⏱9:30～18:00(LO17:00) 🔒水曜 🚗石垣港離島ターミナルから車で約15分 Ⓟあり

2

1 ハンバーグロコモコ1300円。手ごねハンバーグに平飼い卵の温泉玉子をオン 2 コンテナが斜めに!?ユニークな外観が目印 3 南国ココナッツパフェ 850円

---

1 石垣島の土を使った陶器を制作。8寸リム皿7200円、ボウル5200円など 2 マグカップ各4000円

1

Topic 2

YACHIMUN

制作現場も見られる!
やちむん作家の工房を訪ねる。

川平湾近くの自然の中にあるやちむん工房。作家の神野さんのアトリエにお邪魔してお買い物ができる。在庫がない場合は発送してくれる。

青のグラデがステキ!

やまばれ陶房
やまばれとうぼう

川平 MAP P.181 B-1 ☎0980-88-2135 🏠石垣市川平1216-252 ⏱10:00～17:00 🔒不定休 🚗石垣港離島ターミナルから車で約30分 Ⓟあり

2

Topic 4

RAINY DAY SPOT

天気が変わりやすい島だから。
雨の日スポットをチェック。

亜熱帯気候の石垣島は突然の雨が多いので、雨の日でも楽しめるスポットを事前にチェックするのが吉。

- □ 石垣島鍾乳洞
  P▶037
- □ みんさー工芸館
  P▶055
- □ 石垣市公設市場
  P▶056

Topic 3

SUNSET

水平線に沈む夕日を追いかけて
サンセットスポットへ。

ビーチや断崖絶壁で、雄大な景色を拝む！ 日没時間は季節により異なるが、夏は19時過ぎ、冬は18時過ぎ。

- □ 御神崎
  MAP P.181 A-1
- □ 石垣島サンセットビーチ
  P▶017
- □ 名蔵大橋
  MAP P.181 B-2
- □ 観音崎
  MAP P.181 A-3

Topic 6

HISTORY

ディープな歴史スポット＆
遺跡を見学する！

700年以上前の豪族の屋敷跡。土器などの遺跡が出土し、国の史跡に登録された。

フルスト原遺跡
フルストばるいせき
南部 **MAP** P.181 C-3
🏠石垣市大浜 ⊙見学自由
🚌石垣港離島ターミナルから車で約15分 🅿️なし

Topic 7

FRUITS

南国フルーツの旬をチェック！
石垣島のフルーツたち。

品種にもよるが、パインは4〜8月、マンゴーは6〜9月、ドラゴンフルーツは7〜11月、島バナナは8〜11月。

ピーチパインは4〜7月

©OCVB

Topic 5

EVENTS

珍しいお祭りを見に行く
石垣島の伝統行事

石垣島に伝わる年中行事は、旧暦に従って行われるものが多い。

ハーリー

6月
（旧暦の5月4日）

サバニと呼ばれる手漕ぎ船を、古式ハーリーの衣装に身を包んだ人たちが勇壮に漕ぎ競う。

豊年祭
（プーリィ）

7月（旧暦の6月）

五穀豊穣の感謝と来世の豊作を祈願する神事。集落ごとに民族舞踊の奉納などを行う。

アンガマ

8月
（旧暦7月13〜15日）

旧盆におじいとおばあのお面をかぶった若者が家々を訪れ、先祖の霊を供養する。

ISHIGAKI THE BEST TIME

IN THE

Night

19:00 - 21:00

石垣島の夜の楽しみといえば、都会では見られ
ない満天の星！晴れていれば一年中、星空を見
ることができます。もうひとつのお楽しみは、
にぎやかな繁華街。島の中心地である石垣タウ
ンは、八重山地方の家庭料理や石垣牛を味わえ
る飲食店が軒を連ね、夜遅くまでにぎわいます。

平久保半島の久宇良地区にある
「流れ星の丘（P.72）」は石垣島の
中でも美しい星空を眺められる場
所。ツアーに参加し天体観測を楽
しめる

石垣牛にぎり

漁船直営だから
おいしい！

正茶春
まさはる

石垣牛も島魚もお任せあれ

マグロ漁船みちたけ丸直営の店。
イラブチャーやナポレオンフィ
ッシュなど珍しい魚料理のほか、
石垣牛のにぎり寿司が評判。

石垣タウン **MAP** P.182 E-2 ☎080-
2690-5044 🏠石垣市大川225 ⏰17：
00～23：00(LO22：30)、売り切れ次
第閉店 🈲火曜 🚇石垣港離島ターミナルか
ら徒歩約5分 🅿なし

**石垣牛握り
三貫セット
2178円**

まずはマグロやセーイカなど鮮魚
のおつまみ盛り合わせを（右）。石
垣牛はにぎり寿司やユッケなどで
提供している

**おつまみ5種
1738円**

食べ尽くし♪

石垣タウンと呼ばれる市街地には、沖縄料理の居酒屋が数え切れないほど！
なかでもおすすめなのがこちらの4軒です。

**島パパイヤサラダ
850円**

島野菜

**大谷渡りの天ぷら
900円**

あだん亭
あだんてい

八重山地方の家庭料理がそろう

島魚や島野菜など地元の素材を
活かした豊富なメニューが魅力
の居酒屋。石垣島の泡盛と共に
楽しもう。

石垣タウン **MAP** P.181 B-3 ☎0980-
83-5221 🏠石垣市大川430 1F東 ⏰17：
00～22：00 🈲火曜 🚇石垣港離島ター
ミナルから車で約6分 🅿あり

アダンの芽や大谷渡りなど、石垣島な
らではの食材を使った料理をぜひ試し
てみて。店内は店主が手作りした木の
インテリアを配したくつろげる空間

**あだんの芽
チャンプルー
950円**

★★★アダンは海岸などで見られるパイナップルのような植物。

民謡酒場

よるど～屋
よるど～や

島唄と三線で盛り上がる♪
「イチャリバチョーデー（一度会えば皆兄弟）」がモットー。沖縄民謡の生演奏を聴きながらお酒や食事を楽しめる。

石垣タウン **MAP** P.182 D-2 ☎0980-88-6010 🏠石垣市美崎町10-2 1F 🕐18：00～22：30 🚪水曜 🚌石垣港離島ターミナルから徒歩約4分 Ｐなし

> **エーグワーのマース煮**
> **時価**

> **さしみ盛**
> **時価**

民謡のほかにもリクエストに応えて演奏してくれる。お客さんも飛び入り参加で一緒に盛り上がる、沖縄ならではの雰囲気

Best time!
19：00
お店のスタイルや食べたいものでお店をチョイス。
島酒場で石垣島のおいしいものを

島バル

紅芋ミックスポテト539円などおつまみが豊富、にぎやかな街の様子を眺めながら飲める

> **ドラム缶のテーブル**

73 バル
ななさんバル

「730交差点」のすぐ目の前
島素材の創作料理を手軽に味わえるオープンエアのバル。税抜き730円で3杯飲める「730ベロ」は22時まで。

石垣エリア **MAP** P.182 E-2 ☎0980-87-5769 🏠石垣市大川2 730court 1F 🕐15：00～24：00 🔓不定休 🚌石垣港離島ターミナルから徒歩約4分 Ｐなし

屋外ってのが楽しい

> **牡蠣のオイルサーディンとクリームチーズバゲットのせ**
> **429円**

Best time!

これだけは絶対食べたい！

19:00 石垣牛の本命店がココ

イチボ

シンシン

牛タン

カルビ

各部位を味わえる石垣牛＆美崎牛盛り合わせ6500円。内容は日によって異なる

070

★★★ 石垣牛は、八重山地方の温暖な気候＆雄大な放牧地で育てられた黒毛和牛のこと。

老舗のステーキも！

ちょっと贅沢なディナーなら、石垣牛のステーキ店をチョイス。シェフが絶妙な焼き加減で仕上げたステーキを、鉄板にのせてアツアツのまま提供する。特上石垣牛テンダーロインステーキのコースは9800円。

コースには前菜や島豆腐の鉄板焼、スープなどが付く

サーロインもおすすめです

パポイヤ

1984（昭和59）年創業の老舗

石垣牛をメニューに取り入れた先駆的存在のステーキ専門店。20種類以上のワインと共に厳選された石垣牛を提供する。

石垣タウン MAP P.182 D-2 ☎0980-83-3706 ♠石垣市大川258 レオビル8F ⏰11:00～13:00、17:00～20:00（要問い合わせ）🗓日曜 🚢石垣港離島ターミナルから徒歩約5分 Ⓟなし

いざ、石垣牛！ならば間違いなしのココへ

石垣牛やホルモンをリーズナブルに提供する焼肉オリオンは、予約の取れない人気店。なかなかハードルが高いお店だったのですが、2021年についに2号店が誕生し、旅行者にもチャンス到来です。高級ブランド肉の石垣牛や黒毛和牛の美崎牛を気軽に味わえるのは本店と同じ。お肉はもちろん言わずもがなのおいしさです。さらにうれしいのは、サイドメニューも全部おいしいってこと。特に名物のレバテキは絶対に食べてほしい一品です。

サイドメニューもおいしすぎる！

オリオン名物 レバテキ 1100円

石垣島の泡盛も用意。オリジナルラベルの泡盛も

あぶった新鮮なレバーをたっぷりのゴマ油＆おろしニンニクで

牛テールスープをベースにした冷麺は、旨みとコクがありながらすっきり！

オリオンの冷麺 900円

ナムル盛＆キムチ3種盛 各800円

石垣牛サーロイン ミニ丼 1300円

焼肉オリオン 2nd
やきにくオリオン セカンド

石垣牛焼肉を気軽に堪能

石垣牛はその日おすすめの部位をリーズナブルに提供する。10種類以上あるホルモンも評判。席の予約もできる。

角切りの石垣牛がどっさりで、ミニといえどもボリュームは十分

まずはこれを注文。焼肉の定番メニューはひと通りそろっている

石垣タウン MAP P.183 C-2 ☎0980-87-6112 ♠石垣市石垣8 ⏰18:00～24:00（LO23:00）🗓火曜 🚢石垣港離島ターミナルから徒歩約8分 Ⓟあり

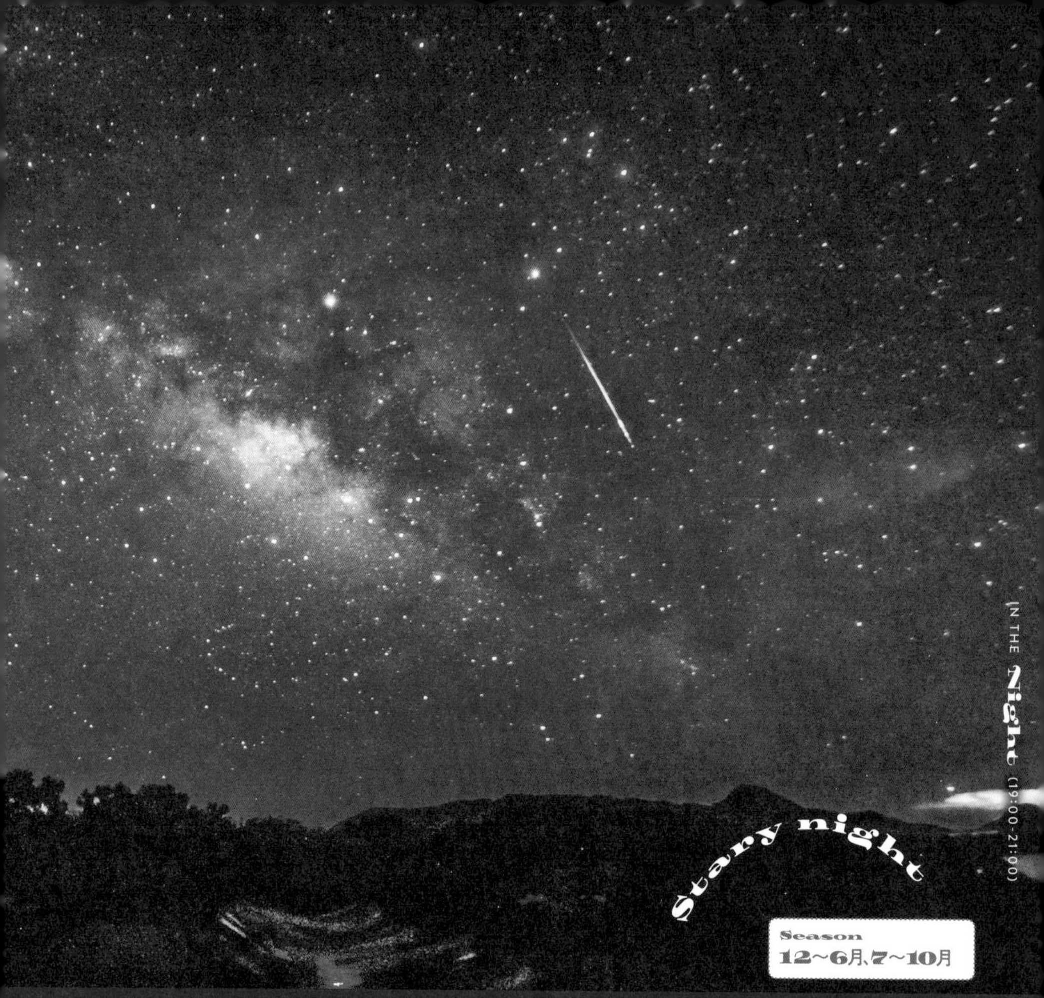

IN THE Night (19:00-21:00)
Stary night
Season
12~6月、7~10月

Best time!
20:00

ココでしか見られない夜絶景
レアすぎるナイトスポットに潜入ー!!

都会ではできない"暗闇体験"してみる?

北緯24度に位置する八重山諸島は、88の星座のうち84の星座を観測できるという星空観測に適した島。世界トップレベルの美しさとして国際ダークスカイ協会(IDA)によって星空保護区に認定されています。星空がきれいに見られる理由は、人工の光が少ないことや、上空の大気が安定しているなど。特に石垣島北部は街の明かりが少ないので、星がよく見えるそう。星空ツアーに参加して、ここでしか見られない満天の星を眺めてみては?

さらに石垣島の夜の暗さは、動植物にも関係。夜にだけ花を咲かせるサガリバナや、自然のままの暗闇が残されている地域にしか生息しないヤエヤマヒメボタルは、手つかずの自然が残る石垣島だからこそ見られる夜絶景なのです。

★★★「流れ星の丘」へは、石垣港離島ターミナルから無料の送迎バス(要予約)でアクセスできる。

ヤエヤマ
ヒメボタル
探して♪

6
7
8
9
10
11
12
13
14
15
16
17
18
19
20
21
22
23
0

星空ガイドが八重山地方の星や文化についてガイドしてくれる。

バンナ公園
バンナこうえん

ホタルのシーズンは春!

バンナ岳一帯が公園になっており、日没からの約30分、ホタルを観察できる。強い光や虫よけスプレーはNG。
中央部 **MAP** P.181 B-2 ☎0980-82-6993 🏠石垣市石垣 ⏰9:00〜21:00（展望台は見学自由）🔒無休 ¥入場料無料 🚗石垣港離島ターミナルから車で約15分 Ⓟあり

Season
3〜5月

Season
6〜9月

平久保サガリバナ群落
ひらくぼサガリバナぐんらく

夜しか咲かない幻の花に出合う

亜熱帯気候の湿地帯に自生するサガリバナ。夏の夕方に花開き、朝には散ってしまう。平久保に国内最大と言われる群落がある。
北部 **MAP** P.180 F-1 ☎0980-82-2809（石垣市観光交流協会）※見学については要問い合わせ

流れ星の丘
ながれぼしのおか

オプションで記念撮影も!

石垣島のなかでも星がきれいに見える久宇良地区にあり、プライベートな星空観測所で、ハンモックやリクライニングチェアから星空を眺めることができる。
北部 **MAP** P.180 E-2 ☎080-6480-2445 🏠石垣市平久保 ⏰20:30〜22:00(4〜9月は21:00〜)🔒荒天時 🚗石垣港離島ターミナルから車で約45分 Ⓟあり

《 八重山諸島の動植物に注目してみる 》

人工の光が少ない石垣島は野生生物の宝庫。昼間に見られる動植物にも貴重なものが多い。

シロハラクイナは顔とお腹が白い鳥。森の中を素早く走る

カンムリワシ。後頭部に冠状の羽毛があることから呼ばれている

川の河口付近で見られる

マングローブに自生するヤエヤマヒルギ。根っこが露出している

オオゴマダラはまだら模様が美しい大型の蝶

島胡椒のピパーツは、調味料として八重山そばなどに使われる

073

まるで別荘

MY FAVORITE HOTEL GUIDE
ISHIGAKI

ルームキーもかわいい

FAVORITE POINT ①

超超ぜいたくな
プライベートヴィラを
独り占めできる♡

専有面積200～300㎡を誇る
ヴィラは、亜熱帯のガーデンに
包まれたプライベートプール付
き。室内はベッドルームのほか
にリビングスペースも用意され
ているなど、まるで邸宅。

1ベッドルーム
ヴィラ。ベッド
からガーデン
プールを望む

JUSANDI
ユサンディ

米原 **MAP** P.181 C-1 ☎0980-88-2833 🏠石垣市桴海470 ◷IN 15：00 OUT 12：00 ¥1泊朝食付き11万円～（2名利用時の1室料金）🛏5室 🚗石垣港離島ターミナルから車で約30分 🅿あり

5室のみのオールスイートヴィラでおこもりステイ

JUSANDIがあるのは、手つかずの自然が残る石垣島北部の森の中。約6000坪もの敷地に5棟のヴィラが点在するプライベートリゾートです。

敷地全体がバナナやパパイヤなどの南国植物が生い茂るガーデンとなっており、オカヤドカリやアカショウビン、ヤエヤマヒメボタルなど、この地方にしか棲息しない珍しい生き物たちが暮らしています。鳥の声を聞きながら鬱蒼とした森の中を散策すれば、海を見渡す離れのテラスや隠れ家のようなプライベートビーチが現れ、ちょっとした冒険気分です。

昼間はプールやビーチで過ごし、夜はプールサイドのガゼボから星を眺める……喧噪から切り離された静寂の森林リゾートで、リトリートなひとときを過ごしてみては？

ジャングルを抜けるとサンゴ礁のリーフが広がる美しいビーチが

亜熱帯ジャングルを抜けてたどり着くプライベートビーチ

それぞれにレイアウトが異なるヴィラ。そのなかには、ほかの宿泊者は利用できないプライベートビーチ付きのお部屋も！絶景ビーチを独り占めできる。

ビーチへはヴィラのガーデンからジャングルの中を抜けてアクセス

朝食とディナーはガラス張りのダイニングレストランで

白亜のエントランスを入ると非日常感あふれる空間が広がる

FAVORITE POINT ④

ディナーはローカル食材満載の"石垣島イタリアン"

島の海産物や野菜など、地元の食材をふんだんに使用した創作イタリア料理をコース仕立てで提供する。

見た目も美しい料理。ワインはグラスでもオーダー可能

天然記念物のカンムリワシが見られることも！

FAVORITE POINT ③

於茂登岳の麓のジャングルの中!?秘境感がたまらない！

標高526mで沖縄県最高峰の於茂登岳（おもとだけ）の山麓に位置し、目の前の米原海岸は西表石垣国立公園に指定されている。

MY FAVORITE HOTEL_01

JUSANDI

目の前にあるフサキビーチ。パラソルやチェアをレンタルできる

ビーチにアクセスできる
リゾホプールだから

プールエリアはビーチフロントにあり、プールサイドから水着のまま歩いてすぐにビーチにアクセスできる。ウォータースライダーもあるなど、ホテルならではの充実ぶり。

MY FAVORITE HOTEL_02

FUSAKI BEACH RESORT
HOTEL & VILLAS

海を感じて過ごせる
トロピカルリゾート

石垣島を訪れたら一度は泊まりたいのが、プールやビーチなどで一日過ごせる南国リゾート！ 熱帯魚が泳ぐ天然ビーチに面して建つフサキビーチリゾート ホテル＆ヴィラズは、100室を超えるホテル棟や赤瓦のコテージなど多彩なゲストルームを用意する大型リゾートです。

魅力は何と言っても、南国植物に彩られた石垣島最大級のプールエリア。ビーチのすぐ目の前にあり、ビーチとプールを行ったり来たりしながら一日中遊べます。プールサイドのデッキチェアや、水着のまま利用できるプールバーで南国ムードを満喫しましょう。

さらに多彩なレストラン＆バーやスパ、サウナ付きの大浴場などファシリティが充実しているのもうれしいところ。

新たに誕生した プライベートヴィラの 居心地が最高すぎる！

2022年6月に誕生したガーデンスイートヴィラは、BBQができるアウトドアダイニング付きの贅沢な空間！

赤瓦屋根の一棟建てのヴィラは7タイプある。南国植物が茂るガーデンの中に点在し、まるでひとつの村のよう

FAVORITE POINT ③

多彩なグルメシーンで 南国気分を満喫できる♪

プールサイドバーやBBQレストランなど、7つのダイニングやカフェ、バーがあり、気分に合わせて選べる。

FAVORITE POINT ④

石垣島の海で遊べる アクティビティは 外せない！

フサキビーチではSUPやクリアカヤック、ウェイクボードなどのマリンアクティビティを体験できる。

フサキビーチリゾート ホテル＆ヴィラズ

フサキ MAP P.181 B-3 ☎0980-88-7000
🏠石垣市新川1625 ⏰IN 15：00 OUT 11：00 🛏151室 ¥1泊朝食付き1万400円〜（4名1室の場合の1名料金）🚗石垣港離島ターミナルから車で約15分 Ⓟあり

ANA INTERCONTINENTAL ISHIGAKI RESORT

トロピカルリゾートで
スペシャルな朝食タイムを

市街地から約10分のマエサトビーチに面し、帆船をイメージした客室棟がそびえるリゾートホテル。ガーデンプールやビーチで南国リゾート気分を満喫できます。客室は400以上あり、ダイニング&バーは7つと大型ホテルならではの充実のファシリティが魅力です。

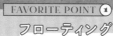

FAVORITE POINT ①

フローティングブレックファーストで朝からテンション MAX

プールに朝食のトレイを浮かべて水着で楽しむフローティングブレックファーストは夏限定のオプション。

朝食付きプランにプラス1万2000円で利用できる。事前予約制

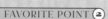

FAVORITE POINT ②

ガーデンプールがトロピカル気分満点だから!

ウォータースライダーのあるサンライズプールやサンセットプールなど1日中遊べる。ビーチもすぐそば。

FAVORITE POINT ③

グルメスポットも充実でおこもりしたくなる♪

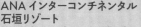

ANA インターコンチネンタル 石垣リゾート
ANAインターコンチネンタルいしがきリゾート

真栄里 **MAP** P.181 C-3 ☎0980-88-7111 ☗石垣市真栄里354-1 ◉IN 15:00 OUT 11:00 ㊙458室 ¥1泊朝食付4万2000円〜(2名1室利用時の1名料金) 🚗石垣港離島ターミナルから車で約10分 🅿あり

石垣島の山海の幸のビストロや沖縄食材の会席料理、鉄板焼きなど、食事はもうここだけでいい!というほどの充実ぶり。

GLAMPING RESORT YOKABUSHI

ラグジュアリーな
グランピングならココ

玉取崎展望台から程近く、野底岳などの山々に囲まれたグランピングリゾート。星空を眺めながら楽しめるグラマラスBBQでは、石垣牛や島野菜などのぜいたくなコース料理を味わえます。お部屋はバリ島のインテリアで飾られた南国ムードあふれる空間。

グランピングレストランで満天の星空にうっとり

ハンモックやハンギングチェアもあるオープンエアのBBQレストラン。食後は星空を眺めてのんびり過ごせる。

火をおこすことからはじめるBBQで、アウトドア気分を満喫できる

南国ムード漂うヴィラに泊まれる！

一棟貸し切りのコンドミニアムヴィラはテラス付きで、総面積62〜71㎡と広々！

プールサイドでのんびり

赤瓦のヴィラに囲まれたアウトドアプール。客室は全8室なので、プライベート感あり。

グランピングリゾート ヨーカブシ

北部 MAP P.180 D-1 ☎0980-89-2345
🏠石垣市伊原間2-737 ⏰IN 15：00 OUT 11：00 🛏全7室 ¥1泊1室9000円〜（2名1室利用時の1名料金）🚌石垣港離島ターミナルから車で約30分 Ｐあり

島時間 TOPICS & MEMO

Topic 1

石垣島ステイのもうひとつの選択肢
スタイリッシュな一棟貸し別荘

石垣島に暮らすように滞在するなら、2022年9月にオープンした一棟貸しの別荘へ。琉球造りの平家を改装した室内は、こだわりの家具が配されたモダンな空間で、ワーケーションにもおすすめ。

deigo- 泥娯 -
ディゴ

STAY

ベッドルーム2つのベッドルームにキッチン、リビングなど、広さ132㎡の贅沢な空間。アメニティも充実している

石垣タウン **MAP** P.183 A-2
☎非公開 🏠石垣市新川63-2 ◎IN 15：00　OUT 11：00 🛏1室 ￥泊1室6万6000円～ 🚗石垣港離島ターミナルから車で約5分 🅿あり

Topic 3　NIGHT SPOT

夜遅くまで盛り上がるなら
居酒屋が大集合するココへ！

"島バル"をテーマに屋台風の小さな飲食店が約20集まる複合施設。ハシゴして楽しんで。

石垣島ヴィレッジ
いしがきじまヴィレッジ

石垣タウン **MAP** P.182 D-2
🏠石垣市美崎町8-9,8-10 ◎11：00 ～ 23：00（店舗により異なる）🔒無休 🚗石垣港離島ターミナルから徒歩約3分 🅿なし

Topic 2　STAR

まだまだある！
星空スポットを
チェック

石垣島は美しい星空（P.72）が楽しめる島。特に北部は星空観測に適したスポットが多数。

玉取崎展望台　P▶036
たまとりざきてんぼうだい

天体観望会も開催

Topic 4

夜遅くまでオープンしている
ローカルスーパーでお買い物

サンエーなどのスーパーは夜まで営業しているので、グルメみやげの調達に便利。

まとめ買いに！

SHOPPING

©国立天文台

石垣島天文台（国立天文台）
いしがきじまてんもんだい（こくりつてんもんだい）

中央部 **MAP** P.181 B-3 ☎0980-88-0013 🏠石垣市新川1024-1 ◎10：00 ～ 15：00（天体観望会は土・日曜・祝日の夜間、有料・予約制）🔒月・火曜（祝日の場合翌日）￥見学100円 🚗石垣港離島ターミナルから車で約15分 🅿あり

石垣島から日帰りで、
八重山諸島の小さな島へ

Island Trip

FROM ISHIGAKI

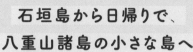

星砂を探して

星砂の浜として知られるカイジ浜。潮の流れが速いので遊泳は控えて

竹富島
TAKETOMI

美しい赤瓦の集落で よんな〜する!

サンゴ礁が隆起してできた竹富島。琉球石灰岩の石垣に赤瓦屋根の古民家が集まる集落は、沖縄の原風景です。小さな島なので、日帰りでも十分よんな〜(のんびり)できますよ。

—— information ——

集落に民宿や飲食店がある。営業時間の変更や臨時休業もあるので事前に確認を。島の環境保護に当てる入島料300円(任意)は竹富港に設置ある券売機で。竹富島へのアクセスは→P.97をチェック

—— access ——

集落内は徒歩で回れる。島の外周道路でビーチなどをめぐるなら、電動付きのレンタサイクルがおすすめ。巡回バスは1回乗車ごとに300円で、港以外で乗車する場合は予約が必要。

コレは絶対! MUSTな体験

水牛車で 集落を おさんぽ

水牛車に乗って、伝統的な町並みを周遊する。ガイドさんが竹富島の文化を紹介したり、八重山地方の民謡を歌ってくれる。

新田観光
にったかんこう

☎0980-85-2103 🏠竹富町竹富97
🕐8:30〜17:00(水牛車散策は9:00〜15:30) 🚫水曜、臨時休業あり 🚗竹富港から徒歩約15分(無料送迎あり)

体験DATA
水牛車観光

料金	所要時間		
2000円	30分		
シーズン 通年	予約 不可		

TAKETOMI PORT
竹富港

竹富港におみやげショ
ップがある。近くにビジ
ターセンターも。

NISHISANBASHI
西桟橋

レンタサイクルシ
ョップは集落内に。
港に送迎してくれ
るところも。

TAKENOKO
そば処 竹の子

SHURAKU
竹富集落

KONDOI BEACH
コンドイ浜

GOKOYA
アトリエ五香屋

KAIJI BEACH
カイジ浜

HOSHINOYA
TAKETOMIJIMA
星のや竹富島

島の南東には人気リゾ
ート星のや竹富島が。1
泊してのんびりするの
もおすすめ！

BEACH

10:00

まずは竹富集落を
おさんぽ

島民が毎朝ほうきがけするという美しい集落。ブーゲンビリアやハイビスカスなど南国の花で彩られている。

日帰りで島を1周
5hours
Hopping

赤瓦の古民家が並ぶ

集落内に名所やカフェが点在している

竹富港
↓ バスで5分
10:00 竹富集落
↓ 自転車で10分
11:00 コンドイ浜＆カイジ浜
↓ 自転車で10分
12:00 そば処 竹の子
↓ 自転車で7分
13:00 アトリエ五香屋
↓ 自転車で7分＋バスで5分
竹富港

12:00

お昼ごはんは
八重山そば

八重山そばとソーキそばがおいしいと有名な集落の食事処。赤瓦の木造古民家でくつろげる。

ひーやしがポイント♪

看板メニューのじゅーレーセット1000円

そば処 竹の子
そばどころ たけのこ

☎0980-85-2251 🏠竹富町竹富101-1
🕐10:30～15:20、18:30～20:30
🔒不定休 🚶竹富港から徒歩15分

11:00

レンタサイクルで
ビーチへ

集落からビーチは自転車で。サンゴのかけらの砂浜に、遠浅の海が広がる。波が穏やかで海水浴にもぴったり。

コンドイ浜
コンドイはま

🏠竹富町竹富 🔎見学自由 🚗竹富港から徒歩30分

サンゴの海にうっとり

13:00

島モチーフのやちむんが
かわいい！

八重山地方の赤土に、海碧釉と自然灰釉を用いて作る、竹富島の風景や植物を描いた素朴なやちむんが素敵。畳の古民家に靴を脱いで上がり、じっくり作品選びができる。

アトリエ五香屋
アトリエごこうや
☎0980-85-2833 🏠竹富町竹富1478-1 ⏱10:00〜17:00 🈳不定休 🚢竹富港から徒歩20分

> 古民家のアトリエへ！

伝統的な菊紋様の5寸皿 3800円〜

竹富島の風景を描いた「みんなもん」シリーズ

> 竹富島らしいデザイン♪

魚紋が彫りこまれた平皿

八重山地方に生息するシロハラクイナがモチーフ

STAY するなら

赤瓦のヴィラにステイして
島の暮らしを体感する

敷地内に伝統古民家を踏襲したヴィラが点在し、まるでひとつの村のよう。島文化を体感できるプログラムや、沖縄素材を使ったフレンチフュージョンのディナーを楽しんで。

星のや竹富島
ほしのやたけとみじま
☎050-3134-8091(星のや総合予約) 🏠竹富町竹富 ¥1泊1室11万2000円〜（2泊〜予約可）🚢竹富港から車で7分（無料送迎あり）

> 島食材のディナー

> 木造のヴィラを独り占め

マングローブ
カヤック

Island Trip ②
西表島
IRIOMOTE

亜熱帯の森で
エネルギーチャージ!

島のほとんどがジャングルに覆われた西表島は、イリオモテヤマネコをはじめとする貴重な動植物の宝庫です。マングローブや滝、ビーチなど、手つかずの自然に癒されましょう。

── information ──

西表島の港は上原港と大原港の2カ所ある。上原港は欠航することも多い。日帰りの場合はアクティビティもできるツアーに参加するのも手。
西表島へのアクセスは→P.97をチェック

── access ──

島の北から南まで車で約1時間かかるので、レンタカーが最も便利。時間に余裕があるなら路線バスでも。上原港から大原港まで1060円、1日フリー乗車券は特典付きで1050円。

コレは絶対! MUSTな体験

島内ツアーでジャングルを探検!

ピナイサーラの滝などを効率良く回るなら、移動車付きのツアーに参加するのがおすすめ。

Green River
グリーンリバー
☎0980-85-6461

体験DATA
ピナイサーラの滝半日コース
料金	7000円
所要時間	4時間
シーズン	通年
予約	要予約(電話またはメールで)

1 オオゴマダラは八重山諸島ならではのチョウ 2 ピナイサーラの滝を目指してカヌー&トレッキング。マングローブやジャングルの植物の観察も楽しい 3 ピナイサーラの滝は落差55mの大迫力 4 島内にあるイリオモテヤマネコの像を探してみて!

Check out the island

HOSHISUNA BEACH
星砂の浜

UEHARA PORT
上原港

上原港の周辺は集落になっており、飲食店もある

KURA FALL
クーラの滝

URAUCHI RIVER
浦内川

浦内川からボートが出航。予約なしでマングローブクルーズを楽しめる

道路が通っているのは主に島の東側。中央部と西部に道はないが、トレッキングは可能

MOMOKAKA
百香果

PINAISARA FALL
ピナイサーラの滝

YUBUJIMA
由布島

IDA BEACH
イダの浜

NAKAMA RIVER
仲間川

仲間川は、大原港から予約なしでマングローブクルーズに参加できる

OHARA PORT
大原港

10:00

水牛車にゆられて由布島へアクセス

西表島の400m沖合にある由布島へは、水牛車で浅瀬の海を渡ってアクセス。島内は島全体が植物園になっている。

亜熱帯植物楽園 由布島
あねったいしょくぶつらくえん ゆぶじま

☎0980-85-5470 ⋔竹富町古見689 ⏰水牛車9:30〜16:00 🈔無休 ¥水牛車・入園料2000円 🚗大原港から車で約20分 Ⓟあり

ゆ〜っくり進む

由布島茶屋ではジェラート410円〜を味わえる。1年を通して楽しめるブーゲンビレアガーデンもぜひ

日替わりランチ1100円。写真は台湾料理の鶏肉飯。西表島産の黒紫米を使用

スープ付き

13:00 お買い物もできる カフェでひと休み

西表島の食材を取り入れた、アジア料理のおばんざいランチ。ココナッツ団子200円などのスイーツもあり、カフェ利用もおすすめ。

百香果／やまねこ雑貨店
ももかか／やまねこざっかてん

☎050-5275-0268 ⋔竹富町西表896-1 ⏰11:00〜16:00(季節により異なる) 🈔日・月曜、不定休 🚗上原港から車で15分 Ⓟあり

ショップで買ったもの

レンタカーでドライブ！

5hours Hopping

上原港
↓ 車で40分
10:00 由布島
↓ 車で30分
12:00 クーラの滝
↓ 車で25分
13:00 百香果
↓ 車で15分
14:00 星砂の浜
↓ 車で10分
上原港

「幸運を呼び込む」という意味のある落差5mの滝。緑に包まれた幽玄な雰囲気。

12:00

穴場的存在！
神秘的な滝SPOTへ

クーラの滝
クーラのたき

⋔竹富町上原 ⏰見学自由 🚗上原港から車で約10分 Ⓟあり

088

星砂の浜
ほしすなのはま

🏠竹富町上原289 ⏰遊泳自由 🚗上原港から車で約10分 Ｐあり

星砂浜
竹富島

14:00
星砂探しが楽しい
絶景ビーチにうっとり

西表島北部にある、星砂があることで有名なビーチ。岩が多い海中には、浅瀬でも熱帯魚が泳ぐ姿が見られる。

SHORT TRIP
ひと足のばして
秘境の絶景スポットへ

全体的に秘境感のある西表島だけど、ここはほんとの秘境！ フェリーでしかアクセスできない船浮集落にある「イダの浜」は、美しいサンゴの海が広がる穴場ビーチなのです。

島の西にある白浜港から約10分。1日5回フェリーが往復している

集落からジャングルを歩いて約10分でビーチに到着する

標識に従って進む

イダの浜
イダのはま

🏠竹富町西表 ⏰遊泳自由 🚢白浜港から定期船で船浮港まで約10分、船浮港から徒歩約10分 Ｐあり（白浜港）

サトウキビ畑の真ん中の農道はシュガーロードとよばれている

Island Trip ③
小浜島
KOHAMA

サトウキビ畑の島をぐるっとサイクリング

サンゴ礁の海に囲まれ、サトウキビ畑と牧場が広がるのどかな島。島一番の展望スポットの大岳からは、八重山8島を見渡せます。素敵なビーチ探しもお忘れなく。

—— information ——

島の中央が飲食店や商店のある集落となっており、海辺には人気のリゾートが点在する。日帰りでも楽しめるが、宿泊してのんびりするのもおすすめ。

小浜島へのアクセスは
→P.97をチェック

—— access ——

小浜港にレンタサイクルやレンタカーのショップがある。ゆるやかな高低差があるので、自転車は電動アシスト付きがベター。暑い日はレンタカーかレンタルバイクが快適。

コレは絶対！MUSTな体験

干潮時にしか現れない "幻の島" に行きたいー！

ボートでアクセスできる砂州だけの島。干潮時にのみ現れることから"幻の島"と呼ばれている。シュノーケリングと一緒に楽しんで。

幻の島（浜島）
まぼろしのしま（はまじま）

◎見学自由 🚤マリンショップのボートでアクセス
P▶034

090

Check out the island

CORAL BEACH
コーラルビーチ

島の北部にある、静かな隠れ家ビーチ。シュノーケルで人気のスポット

UFUDAKI
大岳展望台

BOB's CAFE

小浜港にはランチやカフェができる飲食店がある

YASHINOKI
ヤシの木

KOHAMA PORT
小浜港

OMORIKE
大盛家住宅

UMINCHU PARK
海人公園

巨大なマンタのモニュメントがある展望台。島西端の細崎集落の漁港近くにある

HAIMURUBUSHI
はいむるぶし

HAIMURUBUSHI BEACH
はいむるぶしビーチ

島の南東はゴルフ場やリゾート、プライベートビーチがあるのどかな雰囲気

\ 前髪が素敵なヤギを発見 /

10:00
リゾホビーチで
のんびりしたい！

プライベートビーチのような雰囲気が魅力。マリンアクティビティや海Café、パラソル、デイベッドなどは宿泊ゲスト専用。

はいむるぶしビーチ
☎0980-85-3111（はいむるぶし） 🏠竹富町小浜2930 🕘9:00〜18:00（季節により異なる） 🚗小浜港から車で5分 Ⓟあり

ブルーシールのバニラアイスに小浜島産の自家製黒糖シロップをかけた黒糖サンデー600円は絶品！ 島バナナジュースも人気

のんびり島を1周
5hours Hopping

小浜港
　↓ 車で5分
10:00 はいむるぶしビーチ
　↓ 車で5分
12:00 Bob's CAFE
　↓ 車で5分
13:00 ヤシの木
　↓ 車で1分
14:00 大盛家住宅
　↓ 車で5分
14:30 大岳展望台
　↓ 車で5分
小浜港

黒糖
たっぷり

12:00
ランチは
港の人気カフェへ

港の目の前にあるカフェ。テリヤキソースに小浜産の黒糖を使った小浜バーガーが名物。

Bob's CAFE
ボブズ カフェ
☎0980-85-3970 🏠竹富町小浜3400-38 🕘11:30〜フェリー最終便出港時間（売り切れ次第閉店） 🈺月曜 🚶小浜港から徒歩約2分 Ⓟなし

すっごいウマイです

13:00
ひと休みは
島メイドのスイーツ！

集落にある手作りスイーツがおいしいカフェ。店内では島の雑貨も販売している。

ヤシの木
ヤシのき
☎0980-85-3253 🏠竹富町小浜2584 🕘11:00〜16:00 🈺水・木曜 🚗小浜港から車で約5分 Ⓟなし

ポテト付きの小浜バーガーセット900円。テイクアウトも可能

14:30

島一番のビュースポットへ

標高99mで、高低差の少ない小浜島のなかで最も高い場所。階段を上ると展望台が。

ビューポイント

ごはぐら荘

14:00

大盛家住宅
おおもりけじゅうたく

🏠竹富町小浜 ⏰見学自由(内部は見学不可) 🚗小浜港から車で約5分 Ⓟなし

築100年以上の
伝統古民家を
のぞいてみる

赤瓦屋根にシーサー、石塀のヒンプンなど、沖縄の民家がそのまま保存されている。国の登録有形文化財。

大岳展望台
うふだきてんぼうだい

🏠竹富町小浜 ⏰見学自由 🚗小浜港から車で約5分 Ⓟなし

STAY するなら

心身ともに整う
ウェルネスリゾート

ヨガや沖縄の自然素材を用いたスパ、発酵食の朝ごはんなどで癒される。ビーチアクティビティや乗馬体験、星空ツアーなど小浜島の自然を満喫するオプションも充実。

はいむるぶし

☎0980-85-3111 🏠竹富町小浜2930 スタンダード朝食付き1万4000円〜 🚗小浜港から車で5分 Ⓟあり

1 テラス付きのオーシャンビュープレミア 2 星空の下で食事を楽しめる海Café 3 大自然の中で行うヨガプログラム 4 トロピカルガーデンに囲まれたアウトドアプール

いたるところでヤギを放牧している。人なつこく、呼ぶと答えてくれるのがかわいい

波照間島
HATERUMA

星空観測をするためだけに この島に行く！

日本最南端の有人島・波照間島は、集落を囲むようにヤギの放牧場やサトウキビ畑が広がっています。緯度が低い地域のみで見られる南十字星が観測できるとして有名です。

—— information ——

宿泊施設はホテルやペンション、民宿がある。飲食店も数軒あるが、臨時休業には注意。日曜の夜は休みのところが多い。生活用品の買い物は集落の商店で。波照間島へのアクセスは→P.97をチェック

—— access ——

移動手段はレンタカー、レンタルバイク、電動アシスト付き自転車の選択肢がある。港周辺の集落やビーチのみならレンタサイクル、島内を一周するならレンタカーかレンタルバイクで。

コレは絶対！ MUSTな体験

日本最南端の島だから、南十字星が見たい！

南十字星が観測できるのは12〜6月。それ以外の時期も星空を見られるが、月が明るい満月の前後は星明かりは控えめになる。新月の日が狙い目。

竹富町波照間島星空観測タワー
たけとみちょうはてるまじまほしぞらかんそくタワー

🏠竹富町波照間3905-1 ⏰13：00〜16：00（夜間は不定期）🚫荒天時 ¥入場料 昼間400円、夜間500円 🚗波照間港から車で約15分 Ⓟあり
※2023年2月現在休館中

Check out the island

波照間港の近くに
レンタカー＆レン
タサイクルのショ
ップがある

HATERUMA PORT
波照間港

NISHI BEACH
ニシ浜

KOTO HILL
コート盛

以前は旅客ターミ
ナルとして使われ
ていたが、現在は
運航していない

HATERUMA AIRPORT
波照間空港

PARLOR MINPIKA
パーラーみんぴか

島の中央部分に集
落がある。ランチ
のお店や居酒屋も

CAPE TAKANA
高那崎

HAMASHITAN
浜シタン群落

星砂の浜。静かな
ビーチで地元の人
にも人気がある

PEMUCHI BEACH
ペムチ浜

ASTRONOMICAL OBSERVATORY
波照間島星空観測タワー

星空観測タワーは
観測会などを行う
施設だが、2023
年現在休館中

SOUTHERNMOST MONUMENT
日本最南端の碑

コバルトブルーの海を
望む絶景スポットでも
ある

10:00
ハテルマブルーの絶景ビーチにダイブ！

港にも程近く、島一番の人気ビーチ。夏は海水浴客でにぎわい、シュノーケルも楽しめる。

ニシ浜
ニシはま

🏠竹富町波照間 ⊙見学自由 🚗波照間港から車で約5分 🅿なし

コート盛
コートもり

🏠竹富町波照間 ⊙見学自由 🚗波照間港から車で約3分 🅿なし

琉球王朝時代に作られた、琉球石灰岩を積み上げた火番所。石段をのぼって景色を楽しめる

レンタカーでぐるっと！

3hours Hopping

波照間港
↓ 車で5分
10:00 ニシ浜
↓ 車で5分
11:00 集落でひと休み
↓ 車で5分
12:00 コート盛
↓ 車で10分
12:30 日本最南端の碑
↓ 車で15分
波照間港

11:00
かわいいパーラー発見！
集落でランチ＆おやつ

集落内にはランチのお店や休憩ができるパーラーがある。波照間島の黒糖を使ったかき氷がおすすめ。

12:00
島の名所を気ままにホッピング♪

島の南東の断崖絶壁の上に、有志により設置された日本最南端の石碑があるのでココで記念写真！

日本最南端の碑
にほんさいなんたんのひ

🏠竹富町波照間 ⊙見学自由 🚗波照間港から車で約15分 🅿あり

パーラーみんぴかはかき氷で人気のお店。八重山そばの店も

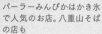

どこで
ひと休み？

離島 TOPICS & MEMO

Topic 1

予約不要で日帰りできる！

石垣島からはフェリーでアクセス。

八重山諸島への玄関口は石垣港離島ターミナル。毎日離島との往復便が出航しており、下記4つの島は日帰り旅で人気。ウェブ予約すると乗船料が割引になる。

石垣港離島ターミナル

- 🚢 20分　1日11〜13便　往復1520円 → 竹富島
- 🚢 50分　1日7〜8便　往復5170円 → 西表島（上原港）
- 🚢 25〜30分　1日10〜11便　往復2700円 → 小浜島
- 🚢 1時間　1日2〜3便　往復7830円 → 波照間島

※1日の運行本数は時期により異なります。

ACCESS

安栄観光 ☎0980-83-0055
八重山観光フェリー ☎0980-82-5010

🚢 50分

小浜島　25〜30分　🚢　石垣島

西表島

竹富島　🚢 20分

波照間島

🚢 45〜50分

🚢 1時間

☑ アクセスのコツ3
事前に天候を確認する

波が高い日や天気が悪い日は欠航することがある。前の日に欠航しているかどうかはサイトで確認可能。

☑ アクセスのコツ2
1日の運行本数をチェック

島により1日の運行本数が異なり、時期により変更もある。船舶会社のサイトで事前に確認を。

☑ アクセスのコツ1
フェリーは予約なしでOK

ターミナル内にある安栄観光または八重山観光フェリーの窓口へ。予約なしで乗船券を購入できる。

Topic 4

ATMやコンビニはなし
買い物は石垣島で

島内にコンビニや銀行ATMはない。日用品や惣菜を販売する商店や郵便局のATMはある。必要なものは石垣島で買っておき、現金も下ろしておくと安心。

Topic 3

島めぐりのヒント！
島間のフェリーもあり。

石垣島からのフェリーのほかにも、竹富島⇔小浜島、西表島（大原港）⇔小浜島、西表島（大原港）⇔波照間島と離島同士の便も。便数は1日1〜2本と少ない。

Topic 2

島によって異なる
島内交通まとめ。

島の規模や何をするかによって、交通手段を選んで。西表島は石垣より大きい島なので、レンタサイクルだと一部しか回れない。下記の表を参考に検討を。

Topic 6

宿泊施設もあるので
1泊してのんびり滞在も◎。

竹富島、西表島、小浜島、波照間島はいずれもホテルや民宿などがある。ただしハイシーズンや行事があるときは満室になることもあるので、なる早で予約を。

Topic 5

日帰りプランで楽しめる
石垣島からのツアーも便利。

旅行会社やマリンショップのツアーなら、乗船料がツアー料金に含まれていたり、現地での交通手段の手配の必要がないなど、お任せで楽しめる。マングローブカヤックなど西表島のアクティビティはツアーが豊富。

	タクシー	バス	レンタカー	レンタサイクル
竹富島	×	○	×	○
西表島	○	○	○	△
小浜島	×	○	○	○
波照間島	×	×	○	○

（やぁ！）
はい〜
宮古島
Miyako island

橋で4つの島につながる宮古島。"宮古ブルー"の海に囲まれ、いくつもの
白砂のビーチが島を囲むように点在しています。ほかの島も含めて宮古島を
満喫するなら、エリアごとの特徴をチェックして。

エリアガイド

平良タウン
ホテルや飲食店が集まる市街地。宮古空港は市街地からすぐ。県道78号線が市街地と空港を結ぶ主要道路。

伊良部島
宮古島の市街地から伊良部大橋で渡れる。漁港や展望台、美しい海岸が点在する。近年リゾートホテルやカフェが急増中。

下地島
LCCも発着する下地島空港がある。空港の回りは透明度抜群の海に囲まれた絶景スポットでもある。伊良部島と隣接している。

池間島
宮古島の北に浮かぶ小さな島。池間大橋で宮古島からアクセス。フナクスビーチやイキヅービーチなどの穴場ビーチがある。

砂山
アーチ状の大きな岩がある砂山ビーチで有名。市街地から車で約10分と便利な場所で、ホテルやカフェもある。

来間島
与那覇前浜の沖に浮かぶ小さな島へは来間大橋で渡る。集落のなかに感じのいいカフェが点在し、隠れ家的なビーチもある。

中央部
サトウキビ畑がどこまでも広がる平坦な道が続く。県道78号線で島の南東端までアクセスできる。お店や見どころは少ない。

上野
大型ホテルのシギラリゾートがあり、複数のホテルやレストランが集まる。全長283mのリフトがあり、海を見渡す。

東部
島の南東端は旅行者も少なく静かな地域。南東に細長くのびる東平安名崎はダイナミックな景観が魅力の景勝地。

シーズン

4-10月は海開き
海水浴場として管理されている与那覇前浜は4月にオープン。4月・10月は肌寒い日もあるので遊泳は5〜9月頃が快適。

6月下旬に梅雨明け
宮古島の梅雨は5〜6月。梅雨明けから気温が上昇し、本格的な夏に。7〜8月の日差しは強烈だが、海の青さも最高。

7-9月は台風シーズン
6〜11月は台風が襲来する。特に例年7〜9月は頻度が高く、飛行機が欠航することも。直撃したら外出は控えて。

アクセス

レンタカー
レンタカー移動が最も便利だが、台数が限られているので特にハイシーズンは早めの予約がおすすめ。

路線バス
空港や市街地を結ぶ路線バスのほかに、観光地にアクセス便利な宮古島ループバスがある。1日乗車券などお得なバスも。

レンタサイクル
市街地のレンタルショップやホテルでレンタルでき、周辺の散策に便利。宮古島は高低差が少ないので走りやすい。

Miyako MAP

宮古島を起点とした離島めぐりが楽しい！宮古島市街地から下地島の最奥までは約30分。伊良部島や来間島を回るなら半日程度が目安。

池間島沖には有名なダイビングスポットが

池間島

下地島とセットで楽しもう♪

下地島

伊良部島

砂山

平良タウン

グランピングもできる小さな島

来間島

中央部

上野

東部

美しい岬が約2kmも続いている

宮古島の海を満喫&離島めぐりも!
4 Days Perfect Planning

宮古島の魅力はなんといっても透明度抜群の海。ビーチホッピングが楽しすぎる!

与那覇前浜から来間
大橋を望む。対岸には
来間島が見える

Planning:

Day1 宮古島

まずは宮古島イチの
"ゆんたく"ビーチへドライブ

宮古島の玄関口、宮古空港から与那覇前浜までは車で15分ほどと近く。与那覇前浜は宮古島を代表する絶景ビーチで、広い砂浜はのんびり過ごすのにおすすめです。夕方は地元の人々がゆんたく(おしゃべり)する姿も。市街地の平良タウンには素敵なカフェも多いので、時間があれば寄り道してみて。

15:15	宮古空港に到着	
16:00	与那覇前浜でまったり	P▶108
18:00	平良タウンで夜ごはん	P▶150

ニンギン珈琲(P.138)
で自家焙煎コーヒー&
ドーナツを

100

八重干瀬に行くには
池間島や伊良部島か
らボートで

MEMO @ Day 1

☐ **アクティビティは予約が必須**
ボートでしか行けないシュノーケルスポットはマリン
ショップのツアーで。アクティビティは、特にハイシー
ズンは早めの予約が肝心。

Planning:

Day2　宮古島

朝イチでアクティビティ！
八重干瀬の海中絶景にうっとり

翌日は沖縄屈指のサンゴ礁群、八重干瀬（や
びじ）でシュノーケリング！ 八重干瀬は宮古
島と橋でつながる池間島の沖にあります。見
事な海中絶景に出合うには、海の透明度が高
い午前中に。午後は池間島や宮古島北部をド
ライブしましょう。カフェやビーチでのんび
り過ごすのが宮古島の醍醐味です。

09:00 八重干瀬ツアーに参加 P▶106

12:00 にいまそばで宮古そばランチ P▶121

14:00 フォトジェニックな砂山ビーチへ P▶116

16:00 福木カフェ・商店でお買い物 P▶142

伊良部大橋で伊良部島へ。牧山展望台から橋を見渡すことができる

Planning:

Day3

伊良部島　来間島

伊良部島＆来間島
宮古島からアクセスできる離島めぐり

3日目は、宮古島と橋でつながる離島へドライブ。まずは伊良部大橋を渡って伊良部島へ。全長3km以上のオーシャンビューロードは、まるで海に浮かんでいるかのような浮遊感を味わえます。来間島は、宮古島の西にある小さな島。のどかな島に、自然に包まれた素敵なカフェがあります。

09:00 伊良部大橋で伊良部島へ　P▶110

12:00 来間島までドライブ　P▶126

13:00 AOSORA PARLORで休憩　P▶139

16:00 琉球ザッカ青空でお買い物　P▶127

AOSORA PARLORでは南国フルーツのスムージーを

琉球ザッカ青空では、沖縄各地のやちむん（焼物）を販売

カフェ＆ショップめぐりなら
平良タウンが正解！

最終日は平良タウンを満喫します。宮古島の市街地は、沖縄らしいコンクリート造りの建物やヤシの木が並びちょっとレトロで懐かしい雰囲気。宮古島在住のクリエーターがデザインした雑貨のお店やゆっくりできるカフェがたくさんあるので、色々回ってお気に入りを見つけて。時間に余裕を持って空港へ。

10:00 おきなわ雑貨市場 わとわとでお買い物 P▶146

12:00 カフェウエスヤでエスニックランチ P▶122

13:30 デザインマッチで雑貨集め P▶143

14:30 島の駅みやこでおみやげまとめ買い P▶143

16:05 宮古空港から帰路へ

おきなわ雑貨市場 わとわとには沖縄各地の雑貨が充実

おきなわ雑貨市場 わとわとにはかき氷やパフェを提供するカフェも

平良タウンは南国ムード満点。宮古島市公設市場もある

宮古島らしいテキスタイルが魅力のデザインマッチ

店内に観葉植物が配されたense
mble COFFEE MIYAKOISLA
ND（P.115、138）は10時から営業
している。朝食メニューのアサイ
ーボウルが評判

MIYAKO THE BEST TIME

IN THE

Morning

09:00 - 11:00

朝ごはんが自慢のカフェで腹ごしらえをすることから一日をスタート！ 午前中のうちにビーチなどの絶景スポットをめぐり、"宮古ブルー"を満喫しましょう。マリンアクティビティも午前中の早めの時間にプランニングすれば、一日を有意義に過ごせること間違いなしです。

Best time!
09:00

シュノーケルもダイビングも♪
海中絶景に出合うなら、
八重干瀬 一択！
やびじ

八重干瀬
やびじ

大小100以上のサンゴ礁
サンゴテーブルが何層にも重なり、多くの種類の熱帯魚が生息することから「奇跡の海」とも呼ばれる。国の名勝にも指定されている。

北部 **MAP** P.178 F-1
☎0980-79-6611（宮古島観光協会）

★★★ 八重干瀬ツアーのハイシーズンは夏。北東風が強い11～2月頃はボートが出航できず中止になることも。

海の透明度がスゴイ

朝一番のツアーで
サンゴの楽園にダイブ！

池間島の北に広がるサンゴ礁群、八重干瀬。その範囲は南北に約17km、東西に約6・5kmにも及び日本最大級の規模を誇ります。マンタやウミガメ、ナポレオンフィッシュなど海の生き物の宝庫で、シュノーケルやダイビングの聖地となっています。

八重干瀬の海中絶景を楽しむなら、おすすめは絶対に朝！ 海の透明度は時間帯や天気、潮の干満などによって変わりますが、サンゴ礁がクリアに見える確率が最も高いのが朝なのだとか。さらに朝イチなら人も少ないので、プライベート感も味わえます。八重干瀬へは、マリンショップのボートでアクセスできます。

八重干瀬に行くならツアーで！

宮古島・八重干瀬専門アクアベース
みやこじま・やびせんもんアクアベース

シュノーケルやダイビングも♪
シュノーケル3時間、ダイビング3時間、シュノーケル半日など、八重干瀬専門のマリンショップならではの多彩なプランが魅力。

池間島 **MAP** P.185 C-1 ☎0980-75-2377 🏠宮古島市平良池間83-1 ◎8:00／11:30／15:00 🚫日曜 ¥八重干瀬シュノーケルトリップ1万3200円 🚗宮古島市公設市場から車で約20分 🅿あり

宮古ブルーの美ら海に癒される。

超超、絶景ビーチにダイブしたい！

宮古島は美らビーチの宝庫なんです

サンゴ礁に囲まれた宮古島は、沖縄の中でも透明度抜群のビーチが多数。リゾートホテルのプライベートビーチや地元の人の憩いの場となっている穴場ビーチなど、ダイビングをしなくても浅瀬で熱帯魚が見られる〝美らビーチ〟の宝庫なのです。まずは人気ナンバー

ワンの与那覇前浜で、南国気分を満喫。真っ白な砂浜がどこまでも続くロングビーチで、海水浴のオフシーズンである冬でも多くの人が訪れます。ちなみに宮古島の海水浴シーズンは4〜10月ですが、暑い日なら冬でも遊べます。ダイブしながら島をぐるぐる回って、お気に入りのビーチを探してみては？

与那覇前浜
よなはまえはま

海の美しさは東洋一!?

マイパマビーチと呼ばれ親しまれる。約7km続く砂浜はサラサラで、海中には岩がないのでマリンスポーツを楽しむのにぴったり。

与那覇 **MAP** P.185 C-3
☎0980-73-2690(宮古島市観光商エスポーツ部観光商工課) 🏠宮古島市下地与那覇1199 ⏰遊泳自由 🚌宮古島市公設市場から車で約15分 Ｐあり

GOGO: BEACH HOPPING ♪

絶景ビーチが点在する宮古島。
目的に合わせて探してみて！

シュノーケル

新城海岸
あらぐすくかいがん

定番のシュノーケルスポットとして知られているのがココ。
サンゴ礁が広がる遠浅の海は潮の流れが穏やかなので、初心者でも楽しめる。トイレやシャワーもあり。

東部 MAP P.184 E-3 ☎0980-73-2690（宮古島市観光商工スポーツ部観光商工課）🏠宮古島市城辺新城 ⏰遊泳自由 🚗宮古島市公設市場から車で約30分 Ｐあり

市街地

パイナガマビーチ

市街地から歩いて約5分と、便利な立地が魅力。砂浜に小石があったり、熱帯魚も少なめなので、海水浴よりは散歩やピクニックランチなどで利用するのがおすすめ。

平良タウン MAP P.187 C-1 ☎0980-79-6611（宮古島観光協会）🏠宮古島市平良下里338-3 ⏰7：30〜18：30（遊泳期間4〜10月）荒天時 ¥入場無料 🚗宮古島市公設市場から徒歩約15分 Ｐあり

穴場

フナクスビーチ

宮古島の北にあり、橋で渡れる池間島にある。左右を岸壁に囲まれた隠れ家的なビーチで、のんびり過ごせるのが魅力。波も比較的穏やかでシュノーケルが楽しめる。

池間島 MAP P.185 C-1 ☎0980-79-6611（宮古島観光協会）🏠宮古島市平良池間 ⏰遊泳自由 🚗宮古島市公設市場から車で約25分 Ｐあり

ビーチの目の前にカフェが。更衣室、シャワーも使える

絶景ドライブといえばココ

伊良部大橋を渡って
離島ドライブな気分♪

10:00
全長3540mの橋で
海の上を渡る!

伊良部大橋のスタート地点は市街地の
近くにある。景色を楽しみながら橋を
渡り、伊良部島に上陸!

伊良部大橋
いらぶおおはし

エメラルドグリーンの海を渡る
伊良部大橋を写真に収めるには、宮古島
側の橋のたもとにある駐車スペースか、
伊良部島にあるいらぶ大橋 海の駅へ。
伊良部島 **MAP** P.185 C-2
宮古島市伊良部池間添地先 ◎見学自由

IN THE **Morning** (09:00-11:00)

★★★伊良部島側の橋のたもとには、長山の浜という静かなビーチがあります。

宮古島を代表する
ドライブロードへ!

宮古島と伊良部島を結ぶ伊良部大橋は2015年に開通し、無料で渡れる橋としては日本最長と言われています。

3km以上も続く橋は歩いて渡ることもできますが、宮古島の暑さや伊良部島に渡ったあとのことを考えるとやはり車がベスト。船が通れるよう橋の中央部が高くなっているので、まるで空に浮かんでいるかのようなパノラマを車窓から楽しむことができます。

橋を渡り切ると伊良部島に到着。ビーチや展望台が点在する伊良部島は、近年、海カフェやリゾートホテルが急増中の注目エリアです。カツオ漁で知られる佐良浜漁港もあり、海鮮ランチを楽しむのがおすすめ。時間があれば、伊良部島と隣り合う下地島にも足をのばしてみましょう。

青のグラデーションが広がる

#空から見ても絶景!

こっちが宮古島

長さ3540m

フナウサギバナタ

断崖絶壁の上から海を一望

フナウサギバナタは方言で「船を見送る岬」を意味する。秋に伊良部島を訪れる渡り鳥、サシバの形をした展望台がある。

伊良部島 **MAP** P.185 B-2
🏠宮古島市伊良部 ◎見学自由

10:30
まずは絶景スポットをホッピング

伊良部島にはビーチや展望スポットが点在している。海を見下ろすダイナミックな景色を求めてドライブ！

11:00
伊良部ならではの宮古そばランチ

島の東部にある佐良浜は、カツオ漁で100年の歴史を持つ漁港。島内では新鮮なカツオやマグロを味わえる。

伊良部そば
650円

伊良部そば かめ
いらぶそば かめ

ツルツルの自家製麺が美味！
伊良部島特産のカツオのなまり節や三枚肉をトッピングした伊良部そばが人気。マグロのにぎりは2貫で150円。

伊良部島
MAP P.185 B-2
☎0980-78-5477
🏠宮古島市伊良部長浜251 ◎11:00~15:30 🔒不定休

ここもナイスビュー！！

牧山展望台
まきやまてんぼうだい

島の最も高い場所にある
宮古島や来間島、池間島まで見渡す展望台。白い建物は羽を広げたサシバをイメージしている。
伊良部島 **MAP** P.185 B-2 🏠宮古島市伊良部池間添 ◎見学自由

展望台の麓には遊歩道があり、お散歩するのにぴったり

★★★ 佐良浜漁港前にはとれたての魚介を味わえる食堂もあります。

空港の周りを一周！

11:30
17エンドは自転車で一周が正解！

下地島の北端にある17エンド。車で入れない場所にあるが駐車場から距離があるので、下地島空港で自転車をレンタルするのが吉。

17エンド
ワンセブンエンド

干潮時にはビーチも出現！
海に囲まれた下地島空港の北端エリア。海に突き出た滑走路の誘導灯があり、離着陸する飛行機が見られる。

下地島 **MAP** P.185 A-2 🏠宮古島市伊良部佐和田 ⊙見学自由

12:45
ひと休みならオーシャンビューなカフェ！

帰りは伊良部島の渡口の浜の目の前にある海カフェ、Blue Turtle（P.137）に寄り道して。

アイスクリーム
ピニャコラーダ
700円

アイスの下にはかき氷！ カクテルみたいな南国スイーツで休憩しよう

時間があればココも！

通り池
とおりいけ

神秘的なブルーホール
石灰岩が浸食されてできた外海とつながる池。ダイビングスポットとして知られている。

下地島
MAP P.185 A-2
🏠宮古島市伊良部佐和田 ⊙見学自由

中の島ビーチ
なかのしまビーチ

熱帯魚が泳ぐサンゴの海
下地島の外周道路沿いにあるシュノーケルスポット。湾のような地形で波が穏やか。

下地島
MAP P.185 A-2
🏠宮古島市伊良部佐和田 ⊙見学自由

Drive Map

・フナウサギバナタ

・青の洞窟

17エンド
204
・伊良部そば かめ
90
・牧山展望台
下地島空港
伊良部島
通り池・
下地島
Blue Turtle
・中の島ビーチ
204
伊良部大橋

んまむぬ島ごはん
（おいしい）

朝ごはん編

フレンチトースト

前日から仕込むバゲットのフレンチトーストで、朝から贅沢気分。テイクアウトボックスで提供されるので、近くの海でピクニックするのも楽しい！ 水・金・日曜限定なので注意。

ホライズンカフェ
朝限定のキッチンカー

伊良部島 MAP P.185 B-2 ☎090-8852-6656 🏠宮古島市伊良部佐和田1725-9 フェリスパーク ⏰8:00～10:30 🈡月曜、1～3月 🚗宮古島市公設市場から車で約25分 🅿️あり

火・木・土曜は4種類から選べるホットプレスサンド1000円を提供

バゲットのフレンチトースト♪

フレンチトースト 1000円

ベーコンエッグやツナサラダ、ピクルスも全て手作り

BOXだからピクニックもできちゃうね

ドリンクはマンゴージュースやアイスコーヒーなど6種から選べる

ポーたまのおにぎりは外せない!!

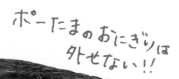

ポーク玉子おにぎり 350円

ガブっと

お米は石垣産、玉子焼きには豆乳を入れてふんわりと仕上げている

ポーたまおにぎり

ポークランチョンミートと玉子焼きのコンビは沖縄の定番グルメ。ご飯で挟んだ「ポーたまおにぎり」は朝ごはんにぴったりのワンハンドフード！

ポーク玉子おにぎり くじら
ポークたまごおにぎり くじら

フードコート内にあるお店

平良タウン MAP P.186 D-1 ☎0980-72-6002 🏠宮古島市平良西里57-46 はりみず食楽市場フードコート内 ⏰7:30～14:00 🈡木曜 🚗宮古島市公設市場から徒歩約6分 🅿️あり

ホカホカ

具だくさん豚汁セット プラス400円

好きなおにぎりとセットで楽しめる。宮古そばとのセットもあり

パン

シギラリゾート内にあるベーカリーで、ホテルクオリティの焼きたてパン。店内またはパステルカラーがかわいいテラス席で味わえる。もちろんテイクアウトもOK！

フランスパン
250円

人気No.1!!

カレーパン
200円

チェダーとクリームチーズのハムロールパン260円(右)と雪塩パン120円(左)。ドリンクも提供

オレンジピールとクリームチーズ入りのミニサイズのフランスパン

油で揚げない焼きカレーパン。辛さ控えめ&カリカリ食感が◎

黒糖入り♪♪

かわいいテラス席で♡

Bakery & Cafe 南西の風
ベーカリー&カフェ なんせいのかぜ

品ぞろえ豊富な午前中が狙い目！

上野 MAP P.184 D-3 ☎0980-74-7275 🏠宮古島市上野宮国784-1 ⏰8:00〜16:00 🔒火曜 🅿宮古島市公設市場から車で約25分 🅿あり

黒糖ミルク
550円

サンドイッチ

コーヒー店の話題のサンドイッチを食べるなら、朝イチがおすすめ。人気につき、午前中で売り切れてしまうことが多いそう。定番のツナサンドはシークヮーサーが効いた絶品！

ダグズ・コーヒー 宮古島本店
ダグズ・コーヒー みやこじまほんてん

テイクアウトもOK！

平良タウン MAP P.186 E-2 ☎0980-79-0963 🏠宮古島市平良下里1153-3-105 ⏰8:00〜16:00 🔒水曜 🅿宮古島市公設市場から車で約5分 🅿あり

隠し味はシークヮーサー！

ダグズ・ツナサンド 480円

シークヮーサーチキン
580円

アサイーボウル

リゾートムード漂う街なかカフェでは、アサイーボウルが朝食の人気メニュー！アサイーやベリーのひんやりスムージーの上に、フルーツやグラノーラがたっぷり。

ensemble COFFEE MIYAKOISLAND
アンサンブル コーヒー ミヤコアイランド

アラビカコーヒーと共に

平良タウン MAP P.186 D-3
▶P138

フルーツたっぷり

ザクザク

濃厚抹茶テリーヌやオートミールクッキーなど自家製スイーツも人気。アサイーボウルは電話で予約するとスムーズ

アサイーボウル 1100円

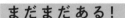

Topic 1

BEACH HOPPING

まだまだある！
宮古島の美らビーチをめぐる

人気ナンバーワンビーチの与那覇前浜（P.108）のほかにも、おすすめが多数。アクティビティが楽しいビーチや穴場ビーチなど個性豊か。

`天然ビーチ` `アクティビティ`

イムギャーマリンガーデン

天然の入り江になっている海浜公園。マリンアクティビティで人気。
上野 **MAP** P.184 D-3
☎0980-79-6611（宮古島観光協会）🏠宮古島市城辺友利605-2 🔓遊泳自由 🚗宮古島市公設市場から車で約25分 ℗あり

渡口の浜
とぐちのはま
伊良部島にある。真っ白な砂浜が約800m続き、海の透明度も抜群。
伊良部島 **MAP** P.185 B-2
☎0980-79-6611（宮古島観光協会）🏠宮古島市伊良部伊良部 🔓遊泳自由 🚗宮古島市公設市場から車で約20分 ℗あり

`隠れ家ビーチ`

ムスヌン浜
ムスヌンはま
来間島にあるこぢんまりとしたビーチ。プライベート感満点。
来間島 **MAP** P.185 C-3
☎0980-79-6611（宮古島観光協会）🏠宮古島市下地来間 🔓遊泳自由 🚗宮古島市公設市場から車で約25分 ℗あり

`遠浅ビーチ` `夕日スポット`

砂山ビーチ
すなやまビーチ
波の浸食によってできたアーチ状の岩が印象的。サンセットも絶景。
砂山 **MAP** P.185 C-2 ☎0980-73-2690（宮古島市観光商工スポーツ部観光商工課）🏠宮古島市平良荷取川 🔓遊泳自由 🚗宮古島市公設市場から車で約10分 ℗あり

ACTIVITY

自然と触れ合える
アクティビティもいろいろ

マリンアクティビティのツアーに参加したり、自然スポットを散策したり、朝活が楽しい♪

ちゃこたび

伊良部島のウミガメシュノーケルツアーや観光フォトツアーが人気。
☎090-9961-8986 ¥フォトツアー(ドローン撮影付)9000円〜

島尻マングローブ林

しまじりマングローブばやし
宮古島最大のマングローブ群生地。遊歩道を歩いて生き物を観察！
北部 MAP P.185 C-1
☎0980-79-6611(宮古島観光協会)

保良泉鍾乳洞

ほらがーしょうにゅうどう
シュノーケルもできるビーチアクセスの鍾乳洞。ツアーで行ける。
東部 MAP P.184 E-3
☎0980-77-7577(アイランドワークス)

TRAFFIC

交通の安全を見守る
"宮古島まもる君"
を探せ！

宮古島まもる君は、島内の交通安全のために道路に設置されている警察官の人形。色白&濃いめリップで存在感がスゴイ。

SHORT TRIP

宮古島からの
小旅行なら
多良間島へ

フクギ並木も

宮古島から飛行機で約20分、フェリーで約2時間。無形文化財の八月踊りが伝わる神聖な島として知られている。
多良間島 MAP P.178 D-2

早起きして楽しみたい
ウワサのホテルの朝ごはん♡

リゾートホテルのハイクオリティな朝食でパワーチャージ。宿泊者以外でも利用できるホテルもある。

HOTEL BREAKFAST

宿泊者限定

Grand Bleu Gamin
グランブルーギャマン
砂山 MAP P.185 C-2
P▶160

HOTEL LOCUS
ホテル ローカス
平良タウン MAP P.187 C-1
P▶164

宿泊者以外も◎

MIYAKO THE BEST TIME

IN THE

Noon

12:00 - 14:00

午後も絶景を求めてドライブ！宮古島は伊良部島、来間島、池間島と橋でつながっており、どの島にも海を見渡す展望スポットが。来間島はのどかな集落の風景や秘境感あふれるビーチが魅力の島。ランチやカフェを楽しみながら、離島めぐりを楽しみましょう。飲食店が集まる宮古島の平良タウンを起点にドライブスタート。

来間島にある竜宮城展望台（P.127）。
竜宮城をイメージした3階建ての展望
台からは、宮古島や来間大橋のパノラ
マを見渡すことができる

宮古そばはストレートの平麺とあっさりスープがスタンダード。
アレンジの効いた創作そばの店もあり、食べ比べが楽しすぎる！

No.1
王道

そばにじゅーしー、日替わりの小鉢、飲み物が付いたお得なセット

ソーキそばセット 1100円

くつろげる雰囲気

豚モツ入りのなかみそば880円は臭みがなく美味

ローカルスタイル

行列ができる人気店

古謝そば屋
こじゃそばや

製麺所直営の老舗そば店

昭和7(1932)年創業。昔ながらの製法を大切にした、コシの強いツルツル麺が美味。木の温もりに包まれるカフェ風の店内で。

平良タウン MAP P.186 E-3 ☎0980-72-8304 ⚲宮古島市平良下里1517-1 🕐11:00 ～ 16:00 ⚫水曜 🚗宮古島市公設市場から車で約5分 Ⓟあり

このののれんが目印

ちえちゃんそば

エスニックスタイルが魅力

冬瓜やハーブなどを使った創作そばを提供する食堂。まぜそばはじゅーしい付きで、最後にスープに入れて味わうのが◎。

平良タウン MAP P.186 E-2 ☎070-4216-1684 ⚲宮古島市平良下里1154-10 🕐11:30 ～ 15:30 ⚫月・火・金曜 宮古島市公設市場から車で約5分 Ⓟあり

冬瓜まぜそば 900円

No.2
まぜそば

冬瓜、シークヮーサー果汁、自家製の肉みそやピーナッツソースを麺の上にトッピングして混ぜていただく。スープはシンプルな昆布ダシ。値段は2023年2月時点のもの

★★★「ちえちゃんそば」は宮古島産の冬瓜を使ったそばが特徴。冬瓜玉子とじそば850円も。

120

Best time!
12:00

食べ比べしてみる？
宮古そばの正解はコチラです

にいまそば。

No.3 シンプル

三枚肉そば（中）
700円

じゅーしー
200円

ちぢれ麺または沖縄本島の製麺所から取り寄せる細麺の2種類から選べる。トッピングは三枚肉またはソーキ。具なしの「すそば」も

毎朝製麺しています

にいまそば

宮古島北部にある人気店

畳の古民家でくつろげるそば専門店。自家製の手もみちぢれ麺はやわらか＆モチモチ食感で、シンプルながら最高の味わい。

北部 **MAP** P.185 C-1
☎090-7381-4114 🏠宮古島市平良狩俣3 🕐11:00～15:00 🔒木曜 🚗宮古島市公設市場から車で約20分 🅿あり

店主の砂川さんの祖父母宅だった民家で営業。座敷のほかテーブル席もある。店名は宮古島の民謡『根間の主（ニイマノシュウ）』から命名

宮古島 荷川取漁港
みなと食堂
みやこじま にかどりぎょこう
みなとしょくどう

荷川取漁港にある人気店

鰹塩そばはカツオのあら出汁を使ったクリアなスープに、自家製の中太ちぢれ麺がマッチする絶品。

平良タウン **MAP** P.185 C-2
☎0980-72-2755 🏠宮古島市平良荷川取593-10 🕐11:00～18:00 🔒水曜 🚗宮古島市公設市場から車で約5分 🅿あり

鰹塩アーサそば（並）
850円

No.4 アーサそば

スタンダードな鰹塩そばはちぢれ麺。鰹塩アーサそばは宮古島産のアーサ（アオサ）を練り込んだストレート麺が特徴。

アーサをトッピング

鰹塩そば（並）
780円

12:00 リピート必至!? どハマリ注意なエスニックのお店、見つけました!

Asian宮古そば

Asian宮古そば
1100円

スパイシーなスープに中太の生麺を合わせたAsian宮古そばはランチ限定

カフェウエスヤ

空間が素敵な邸宅でいただく

コンクリート造りのモダンな外観が目印。宮古島の食材を取り入れたアジア料理・創作料理を提供する。夜はコース料理。

平良タウン **MAP** P.186 D-1 ☎0980-73-5286 🏠宮古島市平良下里43 ⏰11:30～14:00(LO13:30)、19:00～22:00(火・金・土曜のみ) 🚫水・木曜 宮古島市公設市場から徒歩約3分 Ｐなし

中庭を望むテーブル席。まるで友人宅を訪れたようなくつろぎ感も魅力

宮古島の気候にぴったりの異国情緒ただよう料理

南国の気候の中で過ごしていると、なぜか無性にスパイスやハーブの効いた料理を食べたくなる……。そんなことはありませんか? 東南アジアや南米など暖かい国の料理は、宮古島の気候にもぴったりです。カフェウエスヤでは、伝統の宮古そばをエスニック風にアレ

ンジ。豚骨やカツオダシのスープにラー油やお酢をプラスしています。食欲をそそる香りと酸味が効いた奥深い味わいで、クセになること間違いなし。

メキシコで生まれたタコスは、アメリカを通じてもたらされた沖縄のソウルフード。自家製サルサソースが決め手のHasamer's Martのタコスがおすすめです。

★★★「カフェウエスヤ」の姉妹店uewasora(P.158)では、中東の創作料理を提供。

122

タコライス
800円

1

Hasamer's Mart
ハサマーズ マート

本格タコスをテイクアウト

何でも挟んで食べちゃう"ハサマー"の奥平さんの店。注文が入ってから焼く生地、自家製のサルサソースがおいしさの秘密。

平良タウン **MAP** P.187 C-2
☎050-1246-5630 ♠宮古島市平良久貝891-1 1F ⏰11:00 ～ 14:30(LO14:00)、16:00 ～ 19:00(LO18:30)、日曜は11:00 ～ 15:00 🚫月・火曜 🚃宮古島市公設市場から車で約5分 Ⓟなし

1 タコライスやチキンオーバーライス850円も用意 **2** タコスはプレーンのほかに、サワークリームと長命草のハーブソースが効いたコリアンタコスなどもある **3** シークヮーサードリンクは自家製

シークヮーサーネード
550円

タコス3P
810円

おかずは日替わり

ミヤコ・ナシチャンプル
950円

ご飯の上に島野菜などおかずを盛り合わせたワンプレートランチ

ナシチャンプル

エベッサン

アジアン×オキナワン料理

創作アジア料理を提供する一軒家レストラン。ご飯ものと麺料理を2つ組み合わせられるアジアンプレートランチは1300円。

平良タウン **MAP** P.186 E-1 ☎0980-79-7636 ♠宮古島市平良東仲宗根439 ⏰11:30 ～ 14:00、18:30 ～ 23:00頃 🚫月曜 🚃宮古島市公設市場から徒歩約13分 Ⓟあり

Best time!

13:00 フードトラックでピクニックランチ

テイクアウトしてお外で食べる。

海のすぐそば!

LOVE MIYAKO

4種類から選べるガーリックシュリンププレート。ハワイのジュースも

ENJOY HARRY'S GARLIC SHRIMP
C SHRIMP!

Picnic Menu
ガーリックシュリンプ
プレート #4スペシャル
1650円
ハワイアンサン
385円

イートインなら…

イートインはお皿で提供。テイクアウトはボックスで。

HARRY'S ALOHA ShrimpTruck

屋根付きの席もある

HARRY'S Shrimp Truck
ハリーズ シュリンプ トラック

西平安名崎の近くにある

アメリカの大型バスを改造したキッチンカーでガーリックシュリンプをテイクアウト。ルーフトップや芝生広場などで味わう。

北部 **MAP** P.185 C-1
☎0980-72-5610 ●宮古島市平良狩俣358-1 西平安名岬展望台前 ◉11:00～17:00 🔒無休 ●宮古島市公設市場から車で約20分 🅿あり

HARRY'S

124

★★★ ガーリックシュリンプはプラス550円で宮古牛ステーキをトッピングできる。

本格料理を食べられる おいしいキッチンカー

キッチン付きのトラックでできたて料理をテイクアウトできるフードトラック。設備が限られているから料理も簡単なもの?とあなどってはいけません。ハワイ料理のガーリックシュリンプにニューヨーク発の屋台料理・オーバーライスなど、文句なしの本格的な料理を味わえるのです。

西平安名崎の展望台前にある「HARRY'S Shrimp Truck」は、アメリカンな黄色いバスが目印の人気店。店名にもある看板メニューのガーリックシュリンプは、宮古島の泡盛や塩、数種類のハーブで仕込んだ絶品です。開放的な屋外のテーブル席で、アウトドア気分を楽しみながら味わえるのも楽しい!テイクアウトした料理を持ってビーチに行き、ピクニックを楽しむのもおすすめです。

#vivamiyako

■1 トラック前のベンチで食べることもできる ■2 出店場所や日時はインスタグラムを確認しよう

Picnic Menu
メロンパンとフライドチキン。+ポテトコンボ 1580円
ドリンクもセット

甘さ×塩味がクセになるバーガー。揚げたてポテトと一緒にどうぞ
Try it once

Picnic Menu
宮古牛オーバーライス 1250円 みゃ〜くブルー 500円
ノンアルカクテルも

贅に宮古牛を使用。ライムを搾って食べるとさらに美味

■1 トラックの隣にあるスクールバスはイートインスペースとして使える ■2 アメリカから輸入したフードトラック

Slowtime Van
スロータイム ヴァン

メロンパン×フライドチキン!?

メロンパンでフライドチキンを挟んだ"宮古バーガー"が、巷のウワサの的。アメリカ仕込みのチキンライスやタコライスも。

平良タウン MAP P.187 B-2 ☎090-9901-6200 🏠宮古島市平良下里394-2 パークホームズ宮古島敷地内 ⏰11:00〜15:00(土・日曜は〜17:00) 不定休 宮古島市公設市場から車で約5分 Ⓟあり

アモーレアミーゴみやこ

黄色いトラックを見つけて!

宮古牛の挽き肉を使ったボリューム満点のオーバーライスが名物。宮古そばのパスタやオリジナルのジェラートも。

伊良部島 MAP P.185 B-2 ☎080-6048-1355 🏠宮古島市伊良部仲地96-2 ⏰10:00〜18:00 不定休 宮古島市公設市場から車で約20分 Ⓟあり

14:00

宮古島から橋を渡ってアクセスできる。

来間島へショートトリップ！
くりまじま

宮古島の西に浮かぶ来間島は、昔ながらの風景が残るのどかな島。
のんびりできるカフェや、器のお店もあります。

来間大橋
くりまおおはし

宮古島と来間島を結ぶ

1995年に海の上を走る農道橋として開通。1690mあり、景色を楽しみながらのドライブに最適。

来間島 MAP P.185 C-3

🏠宮古島市下地来間 🚗宮古島市公設市場から車で約15分

思ったよりデカい

タコ公園
タコこうえん

巨大なタコがお出迎え

タコのモニュメントがある海を見下ろす公園。公園から亜熱帯植物のジャングルを約10分進むと秘境感満点のビーチが現われる。

来間島 MAP P.185 C-3

☎0980-79-6611(宮古島観光協会) 🏠宮古島市下地来間
⏰見学自由 🚗宮古島市公設市場から車で約15分 🅿なし

おやつはコレ

AOSORA PARLOR
アオゾラパーラー

スムージーカフェに寄り道 P▶139

島のフルーツや野菜を使ったオリジナルスムージーは20種類以上。店内席のほか、テラスにはハンモックもありくつろげる。

ミニサイズのさーたーあんだぎーも販売。人気ナンバーワンは紅イモ

マンゴーラッシー726円は宮古島産マンゴーを使ったヨーグルトスムージー

★★★「AOSORA PARLOR」と「琉球ザッカ青空」は同じ敷地内にある。アパレルの店も。

のんびり
お散歩

ヤギの好物は
ハイビスカス

〈沖縄県宮古保健所登録〉
名称：けんわ企画 仲松政健
所在地：宮古島市下地来間79
種別：展示
登録番号：沖宮動展0011号
登録年月日：令和元年7月29日
有効期間の末日：令和6年7月28日
動物取扱責任者：仲松明日香

けんちゃんと行く来間島ヤギ散歩
けんちゃんといくくりまじまヤギさんぽ

ローカルな来間島を体感
自由きままなヤギたちと一緒に島内をお散歩。ヤギをこよなく愛する島人けんちゃんが橋開通前の来間島の暮らしや島の自然の話をしてくれる。

来間島 **MAP** P.185 C-3 ☎070-6449-4231 🏠宮古島市下地来間79 🕙予約時に相談 ¥レギュラーコース5000円、ショートコース3500円子ども料金あり 🚗宮古島市公設市場から車で約20分 Ⓟあり

穏やかな
海を一望

竜宮城展望台
りゅうぐうじょうてんぼうだい

島一番の展望スポット
島の東にあり、海の向こうに宮古島を望む展望台。竜宮城をモチーフにした建物の、2階と3階部分から景色を楽しめる。

アーチ状の窓から宮古島側を望む。来間大橋の全貌もここからばっちり

来間島 **MAP** P.185 C-3 ☎0980-79-6611(宮古島観光協会) 🏠宮古島市下地来間 🕙見学自由 🚗宮古島市公設市場から車で約20分 Ⓟり

AOSORA

本物
そっくり

1 ゴーヤー柄のマグカップ **2** 海ぶどうのガラス製箸置き **3** ノモ陶器製造所のマカイ(飯碗)1466円

琉球ザッカ青空
りゅうきゅうザッカあおぞら

沖縄各地のやちむんを販売
やちむんをはじめ、琉球ガラスや紅型などの雑貨を扱うセレクトショップ。オーナー自ら工房を訪ね、買い付けている。

来間島 **MAP** P.185 C-3 ☎0980-76-2440 🏠宮古島市下地来間104-1 🕙10:00～18:00(冬期は～17:00) 🕙不定休 🚗宮古島市公設市場から車で約20分 Ⓟあり

アメリカン
スタイル

おいしすぎてもはや事件!?

んまむぬ島ごはん
（おいしい）

昼ごはん編

タコライス

沖縄本島で人気のタコライス専門店。トッピングが異なる13種類の中から選べる。サイズはS、M、L、XLがあり、プラス350円でタコス＆ドリンクとのコンボも可能。

RULER'S TACORICE
宮古アイランド店
ルーラーズ タコライス みやこアイランドてん

平良タウン　MAP P.186 D-3　☎0980-79-7777　宮古島市平良松原548-1　11:00～22:00(LO21:30)　無休　宮古島市公設市場から車で約5分　あり

サワーハッシュタコライス
680円(S)

一度に食べたいタコライ～ス!!

タコス
1P 210円

レトロアメリカン!

1 ハッシュポテトやサワークリームがのったオリジナルメニュー 2 パーティーボックスはデザインが◎ 3 タコスは1個から注文可能 4 ネオンがかわいい店内。テイクアウトも 5 大通り沿いの飲食店が集まる一角にある

BOXもステキ♪

TACOS

別盛りのゴハンにマグロをのせて丼に!

近海マグロの漬け丼
ミニ宮古ぜんざいセット
2090円

全貌がコチラ

マグロ

宮古島近海でとれる生マグロの丼が主役の贅沢な定食で評判。毎朝市場で仕入れる新鮮な魚や島野菜を使用している。宮古小豆で作る昔ながらの宮古ぜんざいはデザートに。

自家製ダレに漬け込んだマグロ丼に、小鉢やお椀、デザートが付いてくる

宮古ぜんざいと
家めしの店 眞茶屋
みやこぜんざいとやーめしのみせ まっちゃや

平良タウン　MAP P.186 D-1
☎0980-72-7727　宮古島市平良字下里1 宮古島市公設市場本館2F　11:00～17:00　不定休　宮古空港から車で約15分　あり

お店は宮古島市公設市場の2階にあり、カフェ利用もOK

伊良部島で揚がったマグロが美味♪

IN THE Zoom (12:00-14:00)

128

焼きたてを
どうぞ♪

コーヒーと
一緒に

お店の前には
テーブル席が
1つ

パン

売り切れ＆行列必至の人気店。
こだわりの原料を手ごねして作
るまるぱんは、もっちり食感が
魅力。プレーンのほか、くるみ
ぱん250円やあんぱん250円
などのバリエーションがある。

モジャのパン屋
モジャのパンや

平良タウン [MAP] P.186 D-1 ☎なし 🏠宮
古島市平良東仲曽根20 ◎10:00～売り
切れ次第閉店 🏠月・日曜 🚗宮古島市公設
市場から徒歩約7分 🅿なし

焼きたてパンを
ティクアウト♪

まるぱん
180円

1 2 マグカップやモジャコー
ヒー缶などオリジナルグッ
ズも随時登場するのでSNS
をお見逃しなく **3** コーヒー
350円～は産地や焙煎度合
いの異なる数種類を週替わり
で用意。自家焙煎コーヒーも
ある **4** コーヒー豆の量り売
りも行っている

4

3

2

1

オリジナルのグッズも
かわいいんです。

ふわふわゆし豆腐をON。

ゆし豆腐そばセット
1000円

島豆腐もち

島豆腐おにぎり

ゆし豆腐そば

毎朝海水をくみ上げ、釜で作る
昔ながらの島豆腐のお店。ゆし
豆腐はおぼろ豆腐のようなフワ
フワ食感で、宮古そばにのせてい
ただくといっそう美味。カツオ
ダシのスープとベストマッチ。

皆愛屋
みなあいや

与那覇 [MAP] P.185 C-3 ☎0980-76-
6778 🏠宮古島市下地与那覇1450-62
◎11:00～14:30 🏠土・日曜 🚗宮古
市公設市場から車で約15分 🅿あり

おから煮

おそばも
絶品!

ゆし豆腐そばに島豆腐おにぎり、島豆腐もち、おから煮が付くセッ
トはお得感あり。島豆腐おにぎりは厚揚げのなかにご飯が入ったも
ので、黒米、じゅーしー、カレー、味噌の4種類から選べる

島時間 TOPICS & MEMO

Topic ①

島んちゅ御用達!
ローカルな市場を覗いてみる

昭和44(1969)年に開設し、農産物を扱う市場として親しまれてきた。現在はおみやげ店やカフェもあり、ローカル気分を楽しめる♪

Pick up

385 じま△ストア
みやこじまストア
発芽酵素玄米と自家製味噌汁のセット500円、バナナジュース300円などを味わえるパーラー。

Natural Protein
ナチュラルプロテイン
プロテインボウル1200円やスムージーなどヘルシーメニューが魅力のプロテイン専門店。

眞茶屋
まっちゃや　　　　P▶128
市場の2階にある食堂。ランチならマグロ丼、カフェ利用なら宮古ぜんざいがおすすめ。

MARKET

宮古島市公設市場
みやこじましこうせついちば
平良タウン **MAP** P.186 D-1
🏠宮古島市平良下里1 🕐8：00～21：00(店舗により異なる) 🔒店舗により異なる 🚗宮古島空港から車で約15分 Ｐあり(有料)

1 市場前の広場では、午前中に農産物の青空市場が開かれる **2** 沖縄食材を販売する店も

Topic ②

1 フォトスポットとなっているウォールアート **2** 飛行機に搭乗する際のみ利用できる水上ラウンジ **3** レンタサイクルで周辺をお散歩できる

宮古島の空港は2つ!
2019年に開業した
下地島空港に潜入する

市街地に近い宮古空港のほか、LCCも発着する下地島空港は2019年に旅客ターミナルがオープン。リゾート感あふれる建築が特徴。

Pick up

県産和牛のサンドイッチ1230円

coral port Grab & Go
コーラル ポート グラブ & ゴー
伊良部島のなまり節や県産和牛など島の食材を使ったサンドイッチを提供。ジェラートも人気。

宮古諸島産のハチミツ、島のみつ972円～

coral port the Shop
コーラル ポート ザ ショップ
定番みやげだけでなく、空港限定品も。島のみつや伊良部島の酒蔵とコラボした泡盛などオリジナル商品も。

下地島空港
しもじしまくうこう
下地島 **MAP** P.185 A-2 P▶174

AIRPORT

130

ここってどこ!?
シーサーな公園、
見つけました

巨大なシーサーのすべり台がある地元ファミリー御用達の公園。市街地にありながら展望台から海を見渡す。

カママ嶺公園
カママみねこうえん
平良タウン MAP P.186 D-2
☎0980-73-2690(宮古島市観光商工課) ⌂宮古島市平良下里南原地内 ◷見学自由 🚌宮古島市公設市場から徒歩約10分 Ⓟあり

SI-SA SPOT

東西ビューポイントを
制覇する!

市街地はにぎやかな宮古島だが、島の端までドライブすれば息をのむような絶景が待っている!

西平安名崎
にしへんなざき
北部 MAP P.185 C-1 ☎0980-79-6611(宮古島観光協会) ⌂宮古島市平良狩俣 ◷見学自由 🚌宮古島市公設市場から車で約20分 Ⓟあり

東平安名崎
ひがしへんなざき
東部 MAP P.184 F-3
☎0980-79-6611(宮古島観光協会) ⌂宮古島市城辺保良 ◷見学自由(灯台は9:30〜16:30頃) ¥灯台200円 🚌宮古島市公設市場から車で約35分 Ⓟあり

VIEW SPOT

ほんとは教えたくない!?
ガチうまい定食屋はココです

漁師でもある店主が、イセエビをはじめとするその日の朝とれた地魚を料理する。

地魚のマース煮(塩煮)はぜひ食べてほしい逸品。定食(煮魚定食2160円)でもアラカルトでも

鮮度が命

LOCAL LUNCH

海の幸
うみのさち
平良タウン MAP P.187 C-1
☎0980-72-0767 ⌂宮古島市平良下里207-3 ◷11:30〜14:30(LO14:30)、17:00〜22:00(LO21:00) 🔒不定休 🚌宮古島市公設市場から徒歩約8分 Ⓟあり

干潮時だけ見られる
ハート岩が話題!

池間島の穴場ビーチにある、引き潮の際に現れるハート型の穴。海カフェNinufaの敷地内にある。

HART-ROCK
イキヅービーチ

池間島 MAP P.185 C-1
⌂宮古島市平良前里976-1 ◷見学自由 🚌宮古島市公設市場から車で約30分 Ⓟあり

レンタカーがなくても
まあまあ大丈夫です

4つのバス会社があり、伊良部島をはじめとする各地域を網羅している。下地島空港から宮古空港までは650円。

空港にも行ける

BUS

MIYAKO THE BEST TIME

IN THE

Afternoon

15:00 - 17:00

お昼を過ぎたらカフェに立ち寄り小休止。宮古島のカフェは、オーシャンビューのお店や離島のくつろぎカフェなどシチュエーションもさまざま。南国スイーツのお店もたくさんあるので、どこで休憩しようか迷ってしまうほど。体験工房を訪ねるなら早めの時間がおすすめです。

ユートピアファーム宮古島（P.134）はブーゲンビリアの温室があるフルーツ農園。併設のカフェではフルーツが主役のスイーツを提供する

ドラゴンフルーツのフローズンドリンク（右）と、カットマンゴーがのったレアチーズケーキ（左）。フルーツづくしのカフェタイムを

ごろごろマンゴー
レアチーズ
850円

トロピカル
フローズン
620円

贅沢
マンゴープリン
950円

マンゴーパフェ
2200円

マンゴープリンの上にカットマンゴーがどっさり。器もかわいい

ユートピアファーム宮古島
ユートピアファームみやこじま

ブーゲンビリアのテラス席で

マンゴーやパイン、ドラゴンフルーツなどを栽培する観光農園。マンゴーのパフェやスムージーを併設のカフェで楽しめる。

上野 [MAP] P.184 D-3 ☎0980-76-2949 ⚐宮古島市上野宮国1714-2 ◯10:00～16:30 ⚑日曜 ¥農園見学360円（パーラーは入場無料）🚗宮古島市公設市場から車で約20分 Ⓟあり

フルーツ園やブーゲンビリア園を見学できる

オフシーズンの10～5月でも味わえる。収穫期は完熟マンゴーパフェをぜひ

★★★マンゴーの収穫時期は6～8月。「ユートピアファーム宮古島」では生マンゴーの発送もできる。

Best time!
15:00

一年中味わえる♪
宮古島の マンゴー が好きすぎる!!

宮古島はマンゴーの名産地。様々な品種があり長期間楽しめます。夏にとれたマンゴーを冷凍して提供する店も多いので一年中食べられるのもうれしい。

マンゴーづくし

go-go-マンゴー
2100円～

農家レストラン 楽園の果実
のうかレストラン らくえんのかじつ

フルーツのおいしさは折り紙付き!
来間島で有機栽培マンゴーを育てる農園直営のレストラン。マンゴープリンや季節限定のメロンパフェが絶品。

カットマンゴー、プリン、アイス、ジュースと全てがマンゴー!

来間島 MAP P.185 C-3
☎0980-76-2991 ♠宮古島市下地来間476-1 ◯11:00～18:00(LO 17:30) ♠不定休 ㊙宮古島市公設市場から車で約20分 ♠あり

お買い物ついでに

おきなわ雑貨市場 わとわと
おきなわざっかいちば わとわと

スイーツが話題の雑貨店
雑貨店の一角にあるカフェスペースで、かき氷やジェラートを提供。夏はフレッシュマンゴーのかき氷やパフェが登場する。

宮古島産マンゴー&マンゴーアイス入りのぜいたくパフェ

マンゴーパフェ
950円

P▶146

Tartar fish
SUN℃
1210円

サクサク＆アツアツの魚フライと宮古島産のらっきょうタルタルをサンド

SUN℃ MIYAKO
サンド ミヤコ

ブルーのコンテナが目印

コンテナの店内席と、穏やかな湾を望むオーシャンビューのテラス席がある。宮古島食材を使ったホットサンドがおいしいと評判。

北部 **MAP** P.185 C-2
☎0980-79-7112 🏠宮古島市平良西原554-3 ⏰10:00～16:00 🔒無休 🚗宮古島市公設市場から車で約12分 Ｐあり

Best time!
15:00

海カフェ界のベストビューはココ！
海カフェでチルアウトしたーーい！

海を眺めながらのんびりできる、開放的なオープンエアカフェ。海がきれいに見えるのはもちろん、くつろぎ度やフードのおいしさも重視したい。

PHOTO SPOT

店内にある空への階段は、写真スポットとして話題沸騰中

SAN℃ MIYAKOでは、フレンチトースト800円やあんバターサンド880円もおすすめ。

1 旬のフルーツを使った自家製シロップがポイント。マンゴーは夏限定 **2** 希少な宮古島産の小豆を使ったかき氷 **3** 南国フルーツのアイスにさたぱんぴん（宮古島の方言でさーたーあんだぎー）をトッピング

宮古豆の
氷ぜんざい
880円

手作りシロップの
かき氷 マンゴー
770円

黒糖サタパンピン
アイス
660円

Blue Turtle
ブルータートル

伊良部ブルーの海を見渡す
伊良部島にある全席オーシャンビューのレストラン。沖縄の食材を使った本格的な多国籍料理を提供。カフェ利用もできる。
伊良部島 **MAP** P.185 B-2
☎0980-74-5333 🏠宮古島市伊良部伊良部1352-16 ⏰11:00～22:00（LO 21:00）🈳無休 🚗宮古島市公設市場から車で約15分 🅿あり

アイスクリーム
ピニャコラーダ
700円

ベリーベリー
パイン
800円

1 パイナップルと4種のベリーのスムージーは色鮮か **2** アイスの下にはブルーハワイ×イチゴのカラフルなかき氷が

島 cafe とぅんからや
しまカフェ とぅんからや

カフェもランチもOK
宮古島南部の高台に建ち、店内からもテラスからも海を眺められるカフェ。2023年6月にテラスをリニューアル予定。
上野 **MAP** P.184 D-3
☎0980-76-2674 🏠宮古島市上野新里1214 ⏰11:30～17:00LO 🈳月・木曜 🚗宮古島市公設市場から車で約25分 🅿あり

アイスは
選べる

ドラゴンフルーツのサタパンピンアイス660円も人気

ensemble COFFEE MIYAKOISLAND
アンサンブルコーヒー ミヤコアイランド

洗練された空間でくつろぐ

ブレンドコーヒーや本格マシーンで淹れるエスプレッソを用意。京都のこだわりの抹茶で作るテリーヌ450円を。

平良タウン **MAP** P.186 D-3
☎0980-79-8012 🏠宮古島市平良久貝1068-9 🕙10:00～18:00 🚫火・水曜 🚗宮古島市公設市場から車で約5分 Ⓟなし

コンクリート造りの外観が目印。大きなガラス張りの窓から自然光が降り注ぐ。店内ではインテリア雑貨を販売

街なかで。

Best time!
16:00

SNSでも話題沸騰！

今、旬なカフェはこちらです

お店は民家の2階部分。ドリップコーヒー 550円はテイクアウトカップでも提供可能。プレーンドーナツ250円

自家焙煎コーヒー。

ニンギン珈琲
ニンギンこーひー

焼きドーナツをお供に

手廻し焙煎機で焙煎するスペシャルティコーヒーと、ヘルシーな焼きドーナツのお店。お店のベンチか目の前の公園で味わって。

平良タウン **MAP** P.186 D-2
☎090-1112-0078 🏠宮古島市平良久貝886-4 2F 🕙11:00～16:00 🚫日曜 🚗宮古島市公設市場から車で約5分 Ⓟあり

★★★ニンギン珈琲はドーナツをはじめとするスイーツも絶品。自家製アイスやバスクチーズケーキも。

目当てはスムージー。

AOSORA PARLOR
アオゾラパーラー

来間島にあるスムージーカフェ

人工甘味料や着色料などを使わない、フルーツそのもののおいしさを堪能できるスムージーで話題の店。マンゴーがおすすめ。

来間島 MAP P.185 C-3
☎0980-76-3900 ⊛宮古島市下地来間104-1 ⊙10:00～18:00(11～3月は～17:00) 🔒不定休 ⊛宮古島市公設市場から車で約20分 🅿あり

南国の花が咲くテラス席でのんびりできる。グリーンスムージー638円やベリーラッシー660円などカラフルなスムージーが特徴

宮古島はカフェ天国！ 新しいお店が続々誕生していますが、なかでもいい感じの写真が撮れると話題のお店がこちらの4軒です。

16

ドラゴンバナナシェイク700円やクリ～マソーダ500円などドリンクメニューも南国っぽい。オーナー手作りの空間で楽しんで

南国的！

Pani Pani
パニパニ

リゾート気分を盛り上げてくれる

サラサラの白砂が敷き詰められ、南国植物に囲まれたトロピカルムード満点のお店。島フルーツのスイーツや自家製パンのサンドを。

来間島 MAP P.185 C-3
☎0980-76-2165 ⊛宮古島市下地来間105-1 ⊙10:00～16:00 🔒不定休、6・9・12～2月 ⊛宮古島市公設市場から車で約20分 🅿あり

沖縄といえばブルーシールアイ
ス。宮古島パイナガマ店（P.147）
は、2022年にオープンしたお店。
アイスサンドのベンチがかわいい

16:00

南国フードをごっそりハント！

島モチーフ＆島グルメを連れて帰る！

南国フルーツ＆島野菜の雑貨たち♡

沖縄クラフトのセレクトが素敵！

1 RAKUKA楽園の果実ゼリー1296円はマンゴー、シークヮーサー、ドラゴンフルーツの3個 **2** 泡盛の酒粕、パッションフルーツなど沖縄素材の石鹸800円 **3** シーサーがのったぐい呑み2200円

バケ買いしたくなる

1 ブーゲンビリアのレターセット650円 **2** うむやすファームのオーガニックハーブティー600円〜。ホーリーバジルやローゼル＆ミント、月桃などがある。箱入りも **3** ポストカード150円

沖縄みやげ
クロスポイントマーケット
おきなわみやげ クロスポイントマーケット

沖縄＆宮古島みやげが一堂に
シギラリゾートのセレクトショップ。琉球ガラス、やちむん（焼物）などの工芸品のほか、グルメやコスメ、ホテルオリジナル商品も。

上野 **MAP** P.184 D-3
☎0980-74-7181 ⬛宮古島市上野宮国974-2 ◷9:00〜22:00 無休 ⬛宮古島市公設市場から車で約20分 ℗あり

福木カフェ・商店
ふくぎカフェ・しょうてん

オリジナルイラストがかわいすぎ
花やフルーツ、島野菜などをモチーフにした雑貨がそろう。ポストカードやレターセットなどペーパークラフトは集めたくなる！

砂山 **MAP** P.185 C-2 ☎080-5860-4084 ⬛宮古島市平良荷川取646-7 ◷11:30〜17:00 火・水曜 ⬛宮古島市公設市場から車で約10分 ℗あり

★★★「福木カフェ・商店」の豊永彩子さんは本誌表紙イラストを担当しています♪

宮古島のクリエイターがデザインするカラフルな雑貨は自分みやげに。
パッケージがかわいいグルメみやげも外せない！

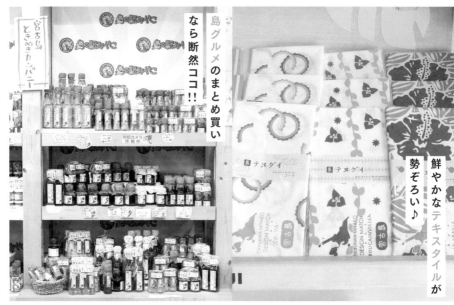

島グルメのまとめ買い **なら断然ココ!!**

鮮やかなテキスタイルが **勢ぞろい♪**

1 宮古みそにカツオ節を練り込んだ鰹ちゅう汁770円。お湯で溶いて生卵を落とすのが宮古流 **2** 宮古島で作られるガーリックシュリンプソース1300円 **3** 手作りジーマミー豆腐キット800円（小）

ソウルフード

島の駅みやこ
しまのえきみやこ

島産品を大量買いできる

宮古島の農産物やグルメみやげが充実の、道の駅のようなお店。宮古そばや沖縄天ぷらなどのフードコートもあり、ランチにも。

平良タウン MAP P.187 C-2
☎0980-79-5151 宮古島市平良久貝870-1 ⊙9:00～19:00（10～3月は～18:00）⊛無休 宮古島市公設市場から徒歩約15分 Ｐあり

1 レトロ調なハイビスカス柄の巾着袋1650円 **2** 宮古島の文化をモチーフにしたアイシングクッキーは売り切れ必至。袋入り950円 **3** パーントゥやパインなど島モチーフのレザーキーリング3300円

デザインマッチ

テキスタイルならココへ

オーナーの下地さんがデザインする布雑貨やTシャツ、ステーショナリーは種類豊富で選ぶ時間も楽しい。Tシャツは3000円～。

平良タウン MAP P.186 D-1
☎0980-79-0239 宮古島市平良下里572-3 ⊙10:00～19:00 ⊛不定休 宮古島市公設市場から徒歩約3分 Ｐなし

143

15:00 島メイドなクラフトを見る＆作る

craft 01

普段使いできる **アダン細工** のアクセサリーを求めて

旅の思い出を手作りして持ち帰る！

地元の暮らしに根付いた民芸品＆工芸品を知ることは、その土地の文化をより深く知るきっかけになります。古くからアクセサリー、雑貨を制作するチームあだんの工房では、旅行者でも手作り体験が可能に。アダンを使ったバングルやブローチは、普段のファッションにも取り入れられそう。

宮古島では、チガヤ（茅）やアダン、月桃など島の植物で作る民具が用いられていたそう。アダンは防潮林として海岸沿いに植えられている、パイナップルのような実が成る植物。アダンの葉をシークヮーサーで漂白し葉のとげをとり、平らになめすという手間のかかる作業が必要です。帽子やアクセサリー、雑貨を制作する

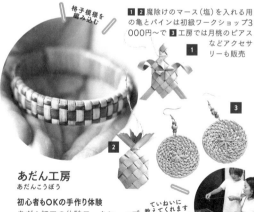

格子模様を編み込む

1 2 魔除けのマース（塩）を入れる用の亀とパインは初級ワークショップ3000円〜で 3 工房では月桃のピアスなどアクセサリーも販売

1
2
3

ていねいに教えてくれます

あだん工房
あだんこうぼう

初心者もOKの手作り体験

あだん細工の体験ワークショップは、初めてならバングル作りがおすすめ。自分のサイズぴったりに作れて、色やデザインも選べる。

北部 **MAP** P.185 C-2

☎080-5311-3825 🏠宮古島市平良西原555-1 🕙10：00〜16：00 🔒水曜、不定休
🚗宮古島市公設市場から車で約12分 🅿あり

体験DATA
体験バングルワークショップ
料金 3000円 所要時間 1時間〜 予約 必要（電話かSNSで）

できあがりが楽しみ

自然染料の藍染めを体験する

藍の葉で作った天然の染料を使う。絞りで自分好みの柄を作れるのが楽しい

体験DATA
藍染体験プラン
| 料金 | 2200円 | 所要時間 | 1時間 |
| 予約 | 必要(電話で) |

宮古島市体験工芸村
みやこじましたいけんこうげいむら

世界にひとつのテキスタイルが完成

宮古島市熱帯植物園の中に、織物＆染め物、陶芸、貝細工、料理などのさまざまな体験工房が集まっている。琉球衣装体験もあり。

北部 MAP P.184 D-2 ☎0980-73-4111 ♠宮古島市平良東仲宗根添1166-286 宮古島市熱帯植物園内 ⊙10:00〜18:00(最終受付16:00) ♠水曜(織物＆染物工房) ¥入場無料 ♠宮古島市公設市場から車で約13分 ℗あり

+α 植物園をお散歩

いろいろな工房が

体験の前後に南国植物が茂る植物園を散策。入場は無料

希少な在来馬、宮古馬を間近に見られる飼育小屋もある

伝統の宮古上布を知る、そして買う！

貴重な古布の端切れで作ったミニポーチ3300円〜

丸いフォルムがかわいい

苧麻(ちょま)から糸を紡ぎ、染色し、機織り機で織るという工程を見学できる(織物制作は土・日曜休み)

宮古島市伝統工芸センター
みやこじましでんとうこうげいセンター

宮古上布の小物をゲット

国の「伝統的工芸品」である宮古上布の歴史を紹介する展示や、制作工程を見学できる工房がある。ショップも併設している。

中央部 MAP P.184 D-3 ☎0980-74-7480 ♠宮古島市上野野原1190-188 ⊙9:00〜16:30(4〜9月は〜17:00) ♠無休 ¥入場無料 ♠宮古島市公設市場から車で約17分 ℗あり

1
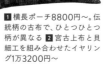

2

1横長ポーチ8800円〜。伝統柄の古布で、ひとつひとつ柄が異なる **2**宮古上布と貝細工を組み合わせたイヤリング1万3200円〜

シークヮーサースカッシュ
780円

パインやドラゴンフルーツがごろごろ入ったさわやかなドリンク

ドリンクもカラフル☆

南国フルーツのソフトクリーム

色々な島のフルーツを"ごちゃまぜ"にした"ちゃんぷるSOFT"は見た目もカラフルでかわいいと話題。パイナガマビーチの目の前にあり、リゾート風な店内でのんびりできる。

PAINAGAMA BLUE BOOTH
パイナガマ ブルー ブース

平良タウン (MAP) P.187 C-1
☎0980-79-0898 🏠宮古島市平良下里247-2 🕘9:00〜18:00 🈺月曜(祝日の場合翌日) 🚶宮古島市公設市場から徒歩約15分 🅿あり

おいしすぎてもはや事件!?

んまむぬ島ごはん
（おいしい）

おやつ編

ちゃんぷるSOFT
アイランドドラゴン
880円

パインを

農家から仕入れたドラゴンフルーツを使用。ドライパインをON

マンゴーを

2コくらい一気にいけそうな気がします😸

ちゃんぷるSOFT
マンゴーマンゴー
880円

宮古島産マンゴーのソフトにカットマンゴーとドライキウイをトッピング

沖縄の定番スイーツといえば"ぜんざい"!!

金時豆

← 金時豆

練乳 →

沖縄ぜんざい

金時豆や黒糖で作ったぜんざいをかき氷とともにいただくのが、南国・沖縄ならではのぜんざい。フェアトレードの雑貨を扱うショップとカフェが一緒になったお店で買い物と共に楽しんで。

沖縄ぜんざい
750円

ふっくら食感&やさしい甘さの金時豆がポイント。練乳もたっぷり

マンゴーパフェ
950円

夏限定の生マンゴーを味わえるお得なひと品

ステキな雑貨も買えちゃう♪

沖縄を中心とした器や障害者によるハンドメイド雑貨も販売

おきなわ雑貨市場 わとわと
おきなわざっかいちば わとわと

平良タウン (MAP) P.187 B-2
☎0980-79-5435 🏠宮古島市平良下里401-4 🕘10:00〜18:00 🈺不定休 🚗宮古島市公設市場から車で約17分 🅿あり

146

テーマパークみたいで楽しい……!!

店の横にはアイスの形の座れるオブジェなど、フォトスポットが多数

ブルーシールアイスは最重要事項です。

ブルーシール
アイスクリーム

♪

沖縄のアイスブランド、ブルーシールは滞在中一度は食べたい! 店横のフォトスポットはアイスをモチーフにしたインテリアで埋め尽くされ、とにかくカラフルでかわいい。溶ける前に写真を。

ブルーシール
宮古島パイナガマ店
ブルーシール みやこじまパイナガマてん
平良タウン **MAP** P.187 B-2
☎0980-79-0310 🏠宮古島市平良 久貝654-23 ⏰10:00〜20:00 🈚無休🚃宮古島市公設市場から徒歩約17分 🅿あり

BLUE SEAL BLUE SEAL ICE CREAM

BLUE SEAL

パイナガマビーチの近くに立地。市街地にももう1軒ある

ひんやり…

ジュニアサイズ ダブル
500円

沖縄素材のフレーバーが充実している。コーンとカップが選べる

バーニーズクレープ
平良タウン **MAP** P.186 D-1
☎0980-75-3124 🏠宮古島市平良西里251-10 ⏰11:30〜17:00 🈚木曜🚃宮古島市公設市場から徒歩約2分 🅿なし

南国的なフレーバーが狙い目!!

ダブルコーン
660円

黒糖バナナ&クリーム
黒糖アイス(トッピング)
650円

宮古島産黒糖がたっぷり…♡

島素材の
ジェラート

すべてのフレーバーが旬の素材で作られ、朝の仕入れで決定するものもある。宮古島産の「美ら恋紅」で作る紫いも味は、ホクホク感も味わえるなど、素材そのものの味を大切にしている。ワッフルコーンも美味!

RICCO gelato
リッコ ジェラート
平良タウン **MAP** P.186 D-1
☎非公開 🏠宮古島市平良下里550 ⏰11:00〜18:00 🈚水曜🚃宮古島市公設市場から徒歩約3分 🅿なし

パクッとね♪

黒糖、バナナ、ホイップクリーム、黒糖アイス入り

巨大!?
クレープ

裏通りにあるかわいいクレープ専門店。宮古島のフルーツや食事系まで、なんと60種類以上のクレープから選べるのがスゴイ! 旬のフルーツの限定クレープも。

宮古島の市街地は、飲食店で夜遅くまで賑わう。ツマンデ呑める みやこパーラー ハイサイ！（P.152）はインテリアがかわいい島酒場

MIYAKO THE BEST TIME

IN THE

Night

18:00 - 21:00

夜の宮古島といえば、まずは地元のおいしいものを味わう島料理ディナー。やっぱりおすすめなのは、海の幸や島野菜、宮古牛など、全部をちょっとずつ食べられる居酒屋です。夜ごはんの後はナイトツアーへ！ 星空を観察したり、夜の動植物を探したり、冒険気分を楽しめます。

イカスミソーメン
チャンプルー
700円

島魚のマース煮
1500円〜

魚港や漁師から直接
仕入れる旬の魚介類
は鮮度抜群。オーナー
自ら漁に出てとる島え
ビなど、内容はその日
により異なる

島えびの唐揚げ
800円（期間限定）

アーサのかき揚げ
780円

🔲 広いカウンター席で、
その日仕入れた素材を
チェックして。テーブル席
や小上がり席もある 🔲
居酒屋が軒を連ねる西里
大通りにある

肴処 志堅原
さかなどころ しけんばる

繁華街にあるカジュアル酒場
オーナーの目利きで仕入れた
旬の食材を使った郷土料理&
創作料理の店。その日のおす
すめはカウンターのケースや
店内のボードでチェックし
て。特に魚介のおいしさはピ
カイチ。

平良タウン **MAP** P.186 D-1 ☎0980
-79-0553 🏠宮古島市平良西里236
🕐18:00 〜 23:00(LO22:00) 🔒
火曜 🚶宮古島市公設市場から徒歩約
3分 🅿なし

1

2

★★★宮古島には手ぴちが入った"島おでん"の居酒屋もある。「島おでん たから」は行列の人気店。

Best time!

18:00 島料理&泡盛でカンパイ！in居酒屋

雰囲気も◎な島酒場がココ

宮古島のおいしいものが大集合する"島酒場"へ

一日遊んで疲れたら、宮古島のおいしいものでエネルギーをチャージしましょう。絶対に外せないのは、宮古島近海でとれる魚介、滋養たっぷりの島野菜、ブランド肉の宮古牛の3つ！ いろいろなメニューを少しずつ楽しめる居酒屋なら、この3大グルメの制覇も夢ではありません。多彩なメニューを楽しむなら、「肴処 志堅原」がおすすめです。もうひとつのおすすめは、三線ライブの演奏がある旅行者に人気の「郷家」。おいしい料理だけでなく、「沖縄カルチャー」も体験できるので、一度で2つの楽しみがあるお得なお店です。

郷家
ごーや

三線ライブで盛り上がる♪

宮古島の郷土料理や島食材の創作料理を提供する。毎晩19時30分からは、約50分の宮古民謡ライブを開催している。

平良タウン **MAP** P.186 D-1 ☎0980-74-2358 🏠宮古島市平良西里570-2 ⏰17:30～22:00（三線ライブは19:30～）🔒不定休 🚌宮古島市公設市場から徒歩約10分 🅿あり

刺身5点盛り
1500円～

宮古牛あぶりにぎり
1500円

海ぶどう
638円

みゃ～く・んま麺グランプリNo.1を受賞した宮古焼きヤキソバが名物。海ぶどうなど定番メニューも

宮古焼きヤキソバ
825円

三線ライブも
楽しい島酒場♪

1 ステージ前のテーブル席が狙い目。お座敷の小上がり席もある **2** 赤瓦屋根の外観が目印。席はウェブ予約が可能

シーサーが
お出迎え！

ツマンデ呑める
みやこパーラー
ハイサイ！

外の席も
かわいい！

IN THE *Night* (18:00〜21:00)

Spot1 フードもカクテルも◎！
"半歩進んだ"夜のパーラー

アゲ↑↑な
フルーツの酒たち

沖縄の炊き込みご飯
島豚のラフテー
1380円

カツオヲ
漁師タレヂ
880円

1

**ツマンデ呑める
みやこパーラー ハイサイ！**
ツマンデのめる みやこパーラー ハイサイ！

カフェみたいなインテリアが◎
"半歩進んだOKINAWA FOOD"
をテーマに、手間と遊び心をプ
ラスした創作料理を提供。フル
ーツたっぷりのサワーをぜひ。

この看板が
目印！

ハイサイ！

平良タウン **MAP** P.186 D-1
☎0980-79-6633 ●宮古島市平
良下里601 ちゅらハウス1F ◎17：
00〜24：00 ●月曜 ●宮古島市
公設市場から徒歩約5分 ●なし

1 ラフテー入りでボリュ
ーム満点。土鍋のまま供
される **2** 宮古島の漁師
の昔ながらのカツオの食
べ方を今風にアレンジ

コレが
オススメ！

2

★★★「ハイサイ！」は目の前でサトウキビを絞るさとうきびサワーやフルーツシークヮーサーサワーがおすすめ。

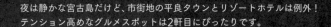

夜は静かな宮古島だけど、市街地の平良タウンとリゾートホテルは例外！
テンション高めなグルメスポットは2軒目にぴったりです。

南国っぽい
ピカピカのネオン

Spot2

レトロアメリカンな
ライブ＆ダイニング

この盛り上がり！

シュリンプカクテル

生ライブで
盛り上がる

2

3

1 トロピカルフルーツのオリジナルカクテル 2 ガレージ風の店内。ミラーボールが輝くノスタルジックなサウンドホールを再現している 3 料理はコース9800円のほかアラカルトも

オリジナルカクテル

トロピカルなドリンク♪♪

1

オールディーズライブ＆ダイニング
Funky Flamingo
オールディーズライブ＆ダイニング
ファンキー フラミンゴ

ピンクのネオンがかわいい！
50〜60年代ロック、ディスコミュージック、島唄メドレーなどの生ライブ演奏を行う。カクテル片手に楽しんで。

上野 MAP P.184 D-3 ☎0980-74-7174 🏠宮古島市上野宮国974-2 ⏰18:30〜22:30（フードLO21:30、ドリンクLO22:15）🈺月曜 🚗宮古島市公設市場から車で約20分 🅿あり

Best time!

離島ならではの満天の星。

20:00 ナイトツアーで天の川が見たい!

望遠鏡がなくてもOK
天の川を肉眼で見る!

宮古島で美しい星空が見られる理由は、大規模な繁華街などの明かりがないことや、工業地帯がなく空気がきれいであることなどから。晴れていれば、1年を通して天の川を観測することができます。

観測スポットとして条件がいいのは、街の明かりや建物が少ないビーチや岬ですが、夜中に運転してそこまで行くのはちょっと不安。そんなときは、送迎付きのツアーに参加して、観測スポットまで連れて行ってもらうのが安心です。さらにフォトツアーをチョイスすれば、満天の星の下に佇むロマンティックな一枚をカメラマンに撮影してもらえます。撮影した写真はデータでもらえるので、SNSにアップして思い出に残しましょう。

★★★星空観測に適しているのは、月明かりが弱い新月の日。そのあたりもスケジュールに加味して。

6
7
8
9
10
11
12
13
14
15
16

(HOW TO)
天の川

☑ **いつ見られる？**

天の川は宮古島で1年中見ることが
できる。特によく見える時期は6〜
11月。南十字星は4〜6月限定、オリ
オン座は12〜5月限定。

17
18

☑ **どこで見る？**

市街地から離れた与那覇前浜などの
ビーチがおすすめ。東平安名崎やイ
ムギャーマリンガーデンなども、建
物が近くにないので星を見やすい。

19
20
21

☑ **フォトツアーもあり**

満天の星の下で写真を撮影し、デー
タをプレゼントしてもらえるフォト
ツアーなら、観測スポットまで連れ
て行ってもらえるので便利。

22
23

＼ ココで体験 ／

ちゃこたび→P.117

0

ギフトにも！

果実感たっぷりのマンゴージャム。

沖縄行ってきたよ〜っておもてなしするときの
お茶＆お茶請け を確保。

たっぷり自宅用サイズの

さんぴん茶

沖縄の定番茶で、ジャスミンティーのこと。自宅用にしたい茶葉タイプ

レトロかわいい

ハイビスカスティー

パケ買い必至なハイビスカスティー。ティーバッグタイプ

ちょこっとおやつに！

黒糖

お茶請けの定番、ブロックタイプの黒糖。料理に使うのもいい

おみやげにも◎な

雪塩さんど

ホワイトチョコをビスケットでサンド。甘じょっぱさが◎

Best time!
21:00 おうち用みやげは 夜スーパーで！

沖縄でおいしかったものまとめ買い♪

地元民も御用達のスーパーなら、リアルな沖縄フードが手に入る！ 滞在中に気に入ったものを、おうちに持ち帰りましょう♪

シーサーもある！

地元民も太鼓判を押す

じゅーしぃの素

炊飯器に入れてお米と一緒に炊くだけ。島んちゅもおすすめするのがコレ

陶器のシーサーの置物など食べ物以外も

失敗なしの

タコスミート

湯煎で温めてのせるだけのタコスミート。ピリ辛のトマトソース付き

ガチソウルフードなら

中味汁

沖縄で中味と呼ばれる豚のモツが入ったすまし汁。ちょっとクセのある地元の味

手作り感が出る

タコライスの素

挽肉と炒めて手軽にタコスミートが作れるミックススパイス

おうちで宮古島を思い出すための
お手軽オキナワンフードを集める。

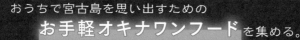

★★★地元の人が使うスーパーなので、生鮮食品も豊富。本州と異なる食材は見るだけでも楽しい。

現地で食べておいしかったものがコレ
沖縄＆宮古島の食材たち

おうちで
宮古そば

有名店・古謝
そば屋の宮古
そばの麺とス
ープ。冷蔵品

お味噌汁に入れるといい感じに

乾燥アーサ

アーサは沖縄でアオサのこ
と。乾燥タイプで、味噌汁や
スープにそのまま入れられて
簡単

たっぷり
サイズ

そのまま食卓に出せる♪

じーまみー豆腐

落花生を練って作
る、モチモチ食感の
大豆を使わない豆
腐。タレ付き、3個
入り

カツオ節ならぬ…

マグロ削り節

マグロは伊良部島
の佐良浜漁港など
で揚がる宮古島の
名物。出汁をとった
り、炒めものにのせ
たり（漁のある5〜
12月頃に販売）

(**ココで**
まとめ買い！)

サンエー宮古島シティ
サンエーみやこじまシティ
空港近くの大型スーパー

飲食店などが集まる商業施設
内にあり、広い売り場が魅力。
おみやげ用お菓子も充実。

宮古空港周辺 **MAP** P.185 C-3
☎0980-73-8800 🏠宮古島市平良下里
2511-43 ⏰9：00〜22：00 🈺無休 🚗宮
古島市公設市場から車で約15分 🅿️あり

何にでもかけちゃう

こーれぐーす

トウガラシを泡盛
に漬けた辛味調味
料。一味やラー油な
どの代わりに

料理に
使いやすい

万能すぎる

ホットチリソース

タイのシラチャソー
スをベースにした辛
味調味料。程よい
甘みとコクがある

さらさら
パウダー状

雪塩

宮古島で汲み上げ
た、ミネラル豊富な
地下海水から作ら
れている。にがり成
分も含まれている

沖縄の発酵食
に挑戦

コクと深みのある味
わいで、煮物や炒め物
にも適している

沖縄料理を再現する？
定番調味料 をお試し。

中東料理＆スパイス料理

スパイスの効いたモダン料理ディナーを楽しむなら、2022年6月にオープンしたuewasoraへ。宮古島の素材を使用した中東料理を中心とした、グリル料理で早くも評判になっている。

uewasora
ウエワソラ

多国籍料理とナチュラルワインを

平良タウン MAP P.186 D-1 ☎0980-79-6660 🏠宮古島市平良下里574-6 ⏰18:00～23:00(LO22:00) 🚫水・木曜 🚶宮古島市公設市場から徒歩約5分 🚗なし

お店は市街地にあり、オープンエアのテラス席がステキ

暑いとこってスパイシーな料理が食べたくなるよね。

炭焼きの豚肉と季節の野菜を、島のフルーツパパイヤ、ジンジャー、ウコン、カルダモンなどのスパイスを効かせたソースでいただく

沖縄県産豚の炭焼きフルーツパパイヤのソース 3080円

宮古牛ステーキは宮古島の海水で作る雪塩とともに楽しもう

宮古島の食材 いろいろ

野菜たっぷり♪

炭焼きチキンとターメリックのバスマティピラフ 2420円

盛りつけも美しいのです。

メゼプレート1800円～は季節の野菜を使った前菜の盛り合わせ

念願の宮古牛～!!

ディナーコース 7700円～

目の前でシェフが料理するカウンター席でいただく。宮古牛ランチは1万円

目の前でテッパンでー！

宮古牛

宮古牛は、宮古島で15か月以上肥育された黒毛和種のみが認定されるブランド肉。お肉のそのもののおいしさをダイレクトに味わうなら、鉄板焼きのお店へ。

ユキシオステーキ。

宮古牛と島の食材を雪塩で

平良タウン MAP P.187 B-2 ☎0980-79-7978 🏠宮古島市平良久貝654-12 ⏰11:00～15:00(LO14:00)、17:00～22:00(LO21:00)、6～8月は～23:00(LO22:00) 🚫無休 🚶宮古島市公設市場から徒歩約15分 🚗あり

宮古島フレンチ

宮古島の素材を使った南の島生まれのフレンチを楽しめるのが、Grand Bleu Gamin。カウンター席の目の前で料理される鉄板フレンチをライブ感溢れるスタイルで。

鉄板フレンチをフルコースで!!

器もステキ

Grand Bleu Gamin
グランブルーギャマン

高級ヴィラ併設のレストラン

砂山 **MAP** P.185 C-2 ☎0980-74-2511 🏠宮古島市平良荷川取1064-1 ⏰12:00 ～ 14:00(LO13:30)、17:30 ～ 22:00(LO21:00) 📅月・火曜 🚗宮古島市公設市場から車で約10分 🅿️あり

オーベルジュみたいなレストラン♪

ディナーコース
1万5000円

島野菜をふんだんに使用したコース料理。旬の素材を用いるため内容は季節により異なる

器や盛り付けなどの、プレゼンテーションも素晴らしい

地中海料理

フランス産が中心のナチュラルワインともに、アヒージョやパエリアなどの地中海料理を楽しめるお店。ワインバーとして利用するのも◎。

ワインに合う料理たら―!

野菜料理を中心とした約10種の前菜の盛り合わせ1800円(2人前)

バゲット付きの島豆腐のアヒージョ。カマンベール1000円やエビ900円など5種類ある

アヒージョ トーフ
880円

島豆腐のアヒージョ😊

パエリアはシーフードとイカスミの2種類から選べる。S、Lサイズも

沖縄食材×地中海料理

シーフードパエリア
4920円(Mサイズ)

ノーシャン宮古島
ノーシャンみやこじま

ワインを楽しむ一軒家レストラン

平良タウン **MAP** P.186 E-2 ☎090-8880-8900 🏠宮古島市平良西里521 ⏰19:00 ～ 23:00 🉐不定休 🚗宮古島市公設市場から車で約5分 🅿️あり

アーチ型の
かわいいドア

MY FAVORITE HOTEL GUIDE
MIYAKO

宮古島

ハイビスカスが咲き誇る

FAVORITE POINT ①

まるで地中海リゾート？
南国ムード満点の
白亜のヴィラがステキ！

アーチが連なる白亜の建物がゲスト
ルーム棟。5室のヴィラは、2ベッド
ルームやメゾネットタイプなど異な
る造り。別荘のような空間で、おこ
もりステイを楽しんで。

1 天井が高く開放的なロビーでチェックイン **2** 入り口はオーナ
ーのクラシックカーが停まり、まるで海外みたい！

Grand Bleu Gamin
グランブルーギャマン

砂山 MAP P.185 C-2 ☎0980-74-2511 🏠宮古島市平良荷川
取1064-1 🕐IN 15：00 OUT 11：00 ¥1泊朝食付1名4万95
00円〜 🛏5室 🚗宮古島市公設市場から車で約10分 🅿あり

プライベート感が魅力の
大人のための美食のヴィラ

街の喧噪から離れ、ラグジュ
アリーなホテルステイを楽し
みたいなら、5室限定の大人
のプライベートヴィラへ。東京
・恵比寿を中心にレストランや
パティスリーを展開するギャ
マングループが手掛ける宿泊
施設だけあり、鉄板フレンチの
レストランが併設するなど、オ
ーベルジュのようなぜいたく
ステイが叶います。ゲストルー
ムは全室スイート仕様で専用
プール付きという豪華さ。
広々としたリビングルームや
プールが用意されています。
南国植物あふれる敷地内に
白亜の建物が点在し、まるで
ギリシャのミコノス島のよう。
さらにプライベート感あふれ
る久浦ビーチはリゾートから
歩いて30秒です。サトウキビ
畑に囲まれた隠れ家のような
ヴィラで、癒やしのステイを満
喫しましょう。

160

インテリアの センスがよすぎる ゲストルーム♡

なめらかで心地いい麻100％のベッドリネン、自然素材のテーブルや照明など、洗練されたインテリアが魅力。

リラックスウエアも

客室の専用プール。プールからバスルームに直行できるのもうれしい

フレンチのフルコースで オーベルジュのような ステイが叶う

夜はリゾート内のレストランで、オーナーシェフ木下氏が手掛ける鉄板フレンチのディナーコースを。

カウンター席でいただく。シェフがセレクトしたワインとともに

フルボディやフェイシャルなどコンディションに合わせた施術を受けられる

ゴルフ用ミニバッグも販売

ショップやスパもあって 充実のおこもりステイが できるから！

館内のスパではオーガニックアロマを使用したトリートメントを。ロビーに併設のショップでお買い物も。

MY FAVORITE HOTEL_01

GRAND BLEU GAMIN

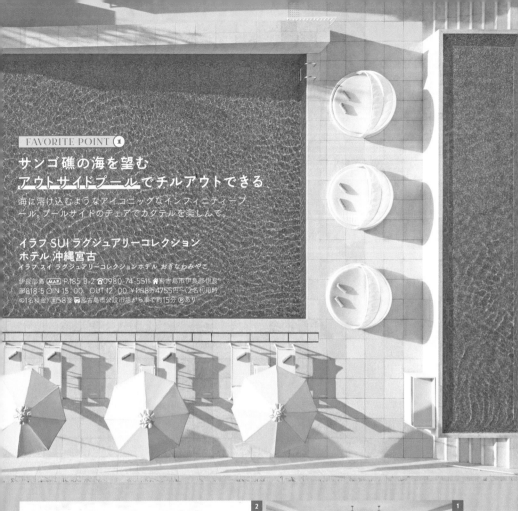

FAVORITE POINT ①

サンゴ礁の海を望む
アウトサイドプールでチルアウトできる

海に溶け込むようなアイコニックなインフィニティープ
ール。プールサイドのチェアでカクテルを楽しんで。

イラフ SUI ラグジュアリーコレクション
ホテル 沖縄宮古
イラフ スイ ラグジュアリーコレクションホテル おきなわみやこ

伊良部島 **MAP** P.185 B-2 ☎0980-74-5511 ⑪宮古島市伊良部国仲
⑪818 5 ◉IN 15:00 OUT 12:00 ¥168万4755円～(2名利用時
の1名料金) ◉58室 ⑪宮古島市公設市場から車で約15分 ◉あり

1 屋内席のほかテラス席も **2** 亜熱帯
のフルーツや島の野菜・ハーブを用い
たフランス料理を提供 **3** セミビュッ
フェスタイルの朝食も楽しみ

FAVORITE POINT ②

時間とともに景色が移ろう
オーシャンビューダイニング

3面ガラス張りのレストラン「TIN'IN(てぃん
いん)」は、朝食からディナーまであらゆるシー
ンで使える。サンセットタイムは絶景。

IRAPH SUI LUXURY COLLECTION HOTEL

"伊良部ブルー"を望む
オーシャンビューリゾート

リゾートホテルが急増中の
伊良部島のなかでも、島の自然
を体感できる"離島のラグジュ
アリー"として注目を集めるの
がココ。オーシャンフロントに
あり、ロビーや客室、レストラ
ンなど館内の至る所から海を
望むことができます。特に宿
泊者専用のアウトドアプール
は、まるで伊良部島の海に溶
け込むよう。自然との一体感を
感じられる特別な空間です。

宿泊スタイルに合わせて
選べるゲストルーム

広々とした屋外バルコニーやお散歩が
できるガーデン、専用プール付きなど、
さまざまなタイプの客室を用意。

リラックスタイムの
ための手作り体験も♡

宮古島の塩やハーブを使ったバス
ソルト作り体験は無料。島のハー
ブティー作りは3163円。

❸ 砂浜の白と海のブ
ルーをイメージしたイ
ンテリア。モダンアー
トもステキ ❹ 42㎡も
のお庭が付いたガーデ
ンジュニアスイート

HOTEL LOCUS

全室オーシャンビューのデザインホテル！

市街地からもほど近い平良港に面するカジュアルホテル。客室だけでなく、ルーフトップテラスやレストランからも海を眺めることができます。ナチュラルで居心地のいいインテリアは、ドイツのiFデザイン賞を受賞。洗練されたデザインに五感を刺激される滞在を。

FAVORITE POINT ①

なんと言っても
デザインがステキな
ホテルだから

客室前の廊下は花ブロックから自然光が差し込む外廊下となっており、床や壁に映る光が美しい。

FAVORITE POINT ③

ランチしたくなる
ガラス張りレストラン

宮古島の人気店、ダグズ・バーガーが展開するレストラン形式のダイナー＆バー。朝食、ランチ、サンセットアワーそれぞれ違うメニューを楽しめる。

1 バルコニーテラス付きのスーペリアコーナーツイン 2 ジャグジーもあるプレミアプールルーム

3 島の民具をモチーフにしたアートなインテリアが素敵 4 店内から穏やかな港を望む 5 軟骨コリコリ鶏つくね 月見カツバーガー 1408円

FAVORITE POINT ②

ハーバービューな
お部屋で目覚める！

客室は専用プール付きやテラス付き、メゾネットなど8タイプから選択できる。

HOTEL LOCUS
ホテル ローカス

平良タウン MAP P.187 C-1
☎0980-79-0240 ⑪宮古島平良下里338-40 ⓘIN 15：00 OUT 11：00 ⑪100室 ¥1泊1万2000円〜（2名利用時の1名料金）⑨宮古市公設市場から徒歩約10分 ⓟあり

RUGU GLAMPING RESORT

インテリアも素敵

来間島のグランピングでアウトドア気分！

宮古島から橋で渡れる来間島にあるグランピングリゾート。客室はすべて1棟貸し切りのヴィラタイプで、夜は専用のウッドデッキテラスやルーフトップから星空を眺めるのもおすすめです。機材の調達、調理が一切不要の本格グランピングディナーが楽しみ！

FAVORITE POINT ①

かわいいトレーラーハウスに泊まれるから

ゲストルームは白いトレーラーハウス！室内はコンパクトながら2つのベッドルームとリビング、ミニキッチンも。

FAVORITE POINT ②

アウトドアデッキでグランピングディナー

ディナーはアウトドアデッキへ。目の前で料理されるグリル料理のコースを飲み放題のドリンクとともに。

島食材のグリル料理

FAVORITE POINT ③

絶景ビーチへお散歩♪

敷地内からアクセスできるの長崎浜は透明度抜群！朝のお散歩を楽しんで。

RuGu Glamping Resort
ルーグー グランピング リゾート

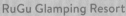
来間島 **MAP** P.185 C-3 ☎0980-79-0070 🏠宮古島市下地来間156-71 ¥1泊1万800円(2名利用時の1名料金) 🛏15室 🚗宮古島市公設市場から車で約25分 🅿あり

沖縄本島
1時間 那覇
石垣島 55分
宮古島

沖縄本島で乗り継ぎするなら!
寄り道さんぽ in 那覇

那覇で飛行機を乗り継ぐなら、立ち寄ってほしいのがこちらです!

☑ 那覇空港から路線バスでも
　アクセスOK
☑ ランチ・カフェ・ショップ、
　ぜ〜んぶそろう
☑ 散策できる瀬長ビーチもアリ

那覇空港から車で15分

Sanpo 1

まるで地中海リゾート!?
瀬長島ウミカジテラスで南国リゾート気分♪

ブランコもある

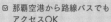
Umikaji Terrace

瀬長島ウミカジテラス
せながじまウミカジテラス

橋で渡れる瀬長島にある!

島全体が海外のリゾートのような雰囲気。45以上のお店が集まり、新しいお店も続々登場する。那覇空港から路線バスでもアクセス可能。

☎098-851-7446(瀬長島ツーリズム協会) 🏠豊見城市瀬長 🕙10:00〜21:00(店舗により異なる) 🈳無休 🚗那覇空港から車で約15分 Ⓟあり

ウォールペイントや真っ白な階段などがフォトジェニック

海辺の複合施設
カフェやショップが集まる

「瀬長島ウミカジテラス」は、海に面する斜面に話題のお店が立ち並ぶリゾートエリア。オーシャンビューのカフェや南国スイーツのお店など、フォトジェニックなスポットが目白押しです。海を眺めながらお散歩したり、近くのビーチまで足をのばしてみるのもおすすめ。無料の足湯もあります。

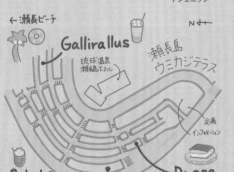

← 瀬長ビーチ　　N↑

Gallirallus

琉球温泉瀬長島ホテル

瀬長島ウミカジテラス

足湯
インフォメーション

8shake Okinawa

Po egg Okinawa

黒糖バナナッツ
シェイク
880円

バナナと黒糖をトッピング。シェイクはミルクとチョコを選べる

紅イモのあんことソフトクリームのたい焼きパフェ 680円

& shake okinawa
アンド シェイク オキナワ

沖縄素材のシェイク
紅芋モンブランや塩ちんすこうなど沖縄らしいシェイクがそろう。たい焼きパフェもぜひ。
☎098-996-3480 ⏰11:00～21:00(LO20:30) 🈚無休

ティファニーブルー
×スムージー

トロピカル＆
カラフル

Gallirallus
ガルリラルルス

宝石みたいなキラキラドリンク
ドリンクの上に、フルーツを閉じ込めたゼリー（台湾の九龍球）が話題。
☎098-987-0908 ⏰11:00～21:00 🈚無休

Drop soda
880円～

マンゴーやパイナップル、ハイビスカスなど南国らしいフレーバー

南国ドリンク
×香港スイーツ

Check it out!
温泉ホテル＆ビーチもステキ！

琉球温泉 瀬長島ホテル
りゅうきゅうおんせん せながじまホテル

瀬長島ウミカジテラスの丘の上にあるホテル。天然温泉施設「龍神の湯」は日帰りでも利用できる。

瀬長ビーチ
せながビーチ

遠浅の海が広がる天然ビーチ。遊泳は不可なので散策を楽しんで。ウミカジテラスから徒歩5分。

Po egg Okinawa
ポー エッグ オキナワ

沖縄のソウルフード
ゴーヤチャンプルーやにんじんしりしりなど沖縄食材を組み合わせたポーク玉子おにぎり。
☎098-851-8507 ⏰11:00～21:00 🈚無休

まぐろ
アボカドわさマヨ
600円

隠し味のワサビの風味で飽きずに食べられる、和風なひと品

ローカル食材
×ポーたま

イートインも
テイクアウトも

- ☑ 那覇空港からゆいレールで行ける
- ☑ ショップやカフェがいっぱい
- ☑ 新しいお店も急増中！

那覇空港
から車で
15分

カフェめぐりが楽しい！
カラフルな
国際通りさんぽ

巨大なシーサー発見！
沈武家

国際通り
こくさいどおり

ゆいレールでアクセス
那覇空港からモノレールの
ゆいレールに乗って、美栄
橋駅か牧志駅で下車。国際
通り周辺は徒歩で回れる。

🚗那覇空港から車で約15分

沖縄イチの繁華街で
ベストなカフェさがし

国際通りは飲食店やショッ
プが軒を連ね、朝から晩まで
賑わうメインストリート。カフ
ェだって朝・昼・夜と楽しめち
ゃうんです。しかもインテリア
もフードもカラフルでSNS
用の写真を撮るのに忙しい！
国際通りを一本入ると、食べ
歩きが楽しいアーケード街も。
ここだけで一日中楽しめる、見
どころ満載のストリートです。

N
美栄橋駅
BUY ME STAND OKINAWA
アーケード街
牧志駅
国際通り
Drunker's
newQ 国際通り店

アーケード街はこう楽しむ！
外せない
テイクアウト
おやつ3

国際通りから南にのびるむつみ橋通りと
平和通りはアーケードの商店街。テイクア
ウトグルメのお店をハシゴして！

ブルーシールアイス

BLUE SEAL

沖縄で一度は食べた
いローカルアイス！

揚げたてサーターあん
だぎーは1個から買える

さーたーあんだぎー

ポークたまご
おにぎり

ポークランチョンミー
トと玉子焼を挟んだ
ローカルおにぎり

朝昼夜の3段活用!
国際通り周辺のカラフルカフェ♡

Morning

BUY ME STAND OKINAWA
バイミー スタンド オキナワ

ボリューミーなサンド

アパレルブランドがプロデュースする、ホットサンドのカフェ。ティファニーブルーのインテリアがかわいすぎ。

☎098-927-4995 🏠那覇市安里1-4-13 ⏰8:00〜16:30(LO16:00) 🔓無休 🚃ゆいレール牧志駅から徒歩約6分

ヘラグリーン 1230円
アボカドとほうれん草、チーズ、バジルペースト入り。ドリンク、サラダ、ポテト付き

Afternoon

newQ 国際通り店
ニューキュー こくさいどおりてん

パインスイーツ尽くし!

石垣島産ティダパインを使ったソフトクリーム、プリン、タルトの店。シーサーのウォールアートと記念写真♪

☎非公開 🏠那覇市松尾2-8-2 ⏰11:00〜18:00 🔓水曜 🚃ゆいレール美栄橋駅から徒歩約8分

パインソフト 750円
さっぱりパインソフトに沖縄産ティダパインとオリジナルタルトクッキーをON

Night

Drunker's
ドランカーズ

ネオン輝くデザートバー

かき氷専門店と本格バーがコラボした店。自家製のフルーツシロップは、ほんのりお酒入りでほろ酔いに気分に。

☎098-943-6699 🏠那覇市牧志3-1-4 ⏰19:00〜25:00(LO24:30) 🔓水曜 🚃ゆいレール美栄橋駅から徒歩約7分

カクテルかき氷 1480円〜
カクテルがかき氷に!? 甘い系からさっぱり系まで 全14種類(ノンアル可)

器集めが楽しい

壺屋やちむん通りで

ストリートショッピング

那覇空港
から車で
15分

☑ 焼物のお店がたくさん
　集まっている！
☑ 国際通りからも徒歩圏内
☑ 買った器は発送もOK

壺屋やちむん通り
つぼややちむんどおり

国際通りから歩いてすぐ

焼物のかけらやシーサー
を飾った通りに、陶
芸工房や直売店、ギャ
ラリーが約20軒。休憩
できるカフェもあり。
🚗那覇空港から車で約15分

遠ばたに
シーサー♪

赤瓦屋根の古民家を利用したショップも。ブーゲンビリ
アなど南国の花が咲き誇り、絵になるストリート

↑国際通り

壺屋陶芸センター

guma guwa

Kamany

N

壺屋やちむん通り

うちなー茶屋ぶくぶく

**工房や直売店が集まる
焼物ストリート**

　"やちむん"は沖縄の方言で
陶器の焼物のこと。国際通り
から歩いて5分ほどの壺屋や
ちむん通りは、その名の通り
かつて職人の工房が集まり、現
在もショップが軒を連ねてい
ます。伝統的な技法を使いな
がらもモダンにデザインされ
た食器など、現代の生活にな
じむアイテムが多数。

Shop ①

Kamany
カマニー

"時を味わう器"がテーマ

長く使えるシンプルかつモダンなデザイン。若手陶芸家のセンスが光るアイテムがそろっている。

☎098-866-1635 🏠那覇市壺屋1-22-33 ◎10:00～18:00 🏠無休

Shop ②

guma guwa
グマーグワー

暮らしを彩る"軽やかな器"

白地にブルーやグリーンで絵付けしたほっこりかわいい器が魅力。軽さと薄さと持ちやすさを追及。

☎098-911-5361 🏠那覇市壺屋1-16-21 ◎10:00～18:00 🏠無休

まるマグカップ　4400円～

たっぷりサイズのカップ。コーヒーや紅茶はもちろん、スープカップとしても。数量限定(kamany)

伝統系も手に入る

カップ＆ソーサー 8250円

カンナイ(沖縄の方言で雷)がモチーフ。グリーンのほかにブラウンやブラックも(kamany)

深いグリーンがおしゃれ

角皿 各4840円

おかずを盛るのにちょうどいいサイズの染付の角皿。長方形のほかに正方形もある(kamany)

ポット・フラワー 各9900円

染付のポット。同じ柄のカップ2940円もあり、お揃いで使える(guma guwa)

すべて手作業で作る

角皿 5720円

伝統柄の菊文。生命力の象徴でもあるので、出産・快気祝いなどのギフトにも◎(guma guwa)

Check it out!
ひと休みは "ぶくぶく茶"で！

沖縄の伝統茶であるぶくぶく茶は、煎り米を煮だした湯と茶湯をまぜたもの。お買い物の途中にぜひトライして。

うちなー茶屋 ぶくぶく
うちなーちゃや ぶくぶく

ぶくぶく茶1000円は、ふわふわの泡がのった玄米茶と琉球菓子のセット。

☎098-943-4811 🏠那覇市壺屋1-22-35 ◎11:00～18:00(LO17:30) 🏠火曜 🏠那覇空港から車で約15分

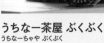

プレートS 2750円

朝食に使いたいモーニングシリーズ。柄はローリエがモチーフ。柄違いやサイズ違いもある(guma guwa)

朝食にぴったり

石畳道を散歩！

首里城公園
正殿は現在復元中。守礼門から入り、城壁の続く公園内を散策できる。

首里金城の大アカギ
推定樹齢200年以上のパワーみなぎる古木。聖域とされる内金城御嶽内にある。

金城大樋川
苔むした石の井戸。水道が引かれる以前に村ガー（共同井戸）として使われていた。

- ☑ 那覇空港からタクシーで15分くらい
- ☑ 石畳の坂道は歩きやすい靴で！
- ☑ 再建中の首里城公園にも注目

首里金城町石畳道
しゅりきんじょうちょういしだたみみち

琉球王国時代の主要道路

16世紀に首里城から那覇の港方面へ向かう交通の要衝として造られた道。首里金城の大アカギ、金城大樋川などの見どころが。
🚌 ゆいレール首里駅から徒歩約17分

シーサーのある古民家も

Sanpo 4

首里城の周りをぐるっと─

首里金城町石畳道で タイムスリップ気分。

那覇空港から車で15分

おさんぽが楽しいヒストリカルな石畳道

丘の上にある首里城公園を中心としたエリアは、かつて琉球王国のもとで繁栄した歴史ある街。琉球石灰岩の石畳道が続き、古都の風情が漂います。伝統工芸品の紅型をモダンにデザインした「カタチキ」や昔ながらの沖縄そばを味わえる「首里そば」など、古都らしいお店も点在しています。

N

首里そば

首里駅

首里城公園

カタチキ

石敢當

首里金城町石畳道

識名園

172

工房にショップが併設。紅型月桃紙扇子1万2100円など

カタチキ

手染めの紅型を買いに行く

琉球王国時代に発展した紅型を制作する工房。図案、染色、パターン、縫製まで一貫して行う。

☎098-911-8604 🏠那覇市首里崎山町4-1①月・金・土曜の10:00～16:00(火～木曜は染色作業) 🈭日曜・祝日 🚃ゆいレール首里駅から徒歩9分

Buy
（おみやげ）

Sightseeing
（観光）

識名園
しきなえん

ひと足のばして世界遺産へ！

首里城公園から車で約10分。琉球王国時代の王家の別邸として造られた4万2000㎡の庭園。

☎098-855-5936 🏠那覇市真地421-7 ⏰9:00～17:30(10～3月は～17:00) 🈭水曜(祝日の場合翌日) ¥400円 🚗那覇空港から車で約10分

首里そば
しゅりそば

行列ができる沖縄そばの名店

伝統製法の沖縄そばを堪能。首里そば(中)500円はもちろん炊き込みご飯のじゅうしいも絶品。

☎098-884-0556 🏠那覇市首里赤田町1-7 ⏰11:30～14:30(売り切れ次第閉店) 🈭木・日曜 🚃ゆいレール首里駅から徒歩約5分

Lunch
（ランチ）

Q. 航空券&ホテル予約のコツは？

A4.
パックツアーは
安い&楽。

航空券・ホテル・レンタカーをセットで予約できるパックツアーは、別々に購入するより断然お得。搭乗日時や宿泊プランが限定されるというデメリットもあり。

楽天トラベル
https://travel.rakuten.co.jp/package/

A3.
早めに予約なら
割引運賃も。

旅程が早めに決まっている場合は、各航空会社の割引航空券を利用するのがお得。航空会社により異なりますが、最大75日前から適用されます。

A2.
安さ重視なら
LCCが強い。

石垣島&宮古島にもLCC（ローコストキャリア）が運航しています。成田から石垣島はピーチ、成田から宮古島は下地島空港のみジェットスターが発着。

A1.
比較サイトを
活用する！

まずは比較サイトで最安値を検索。航空会社やホテルの公式サイトよりも、比較サイトで購入するほうが安くなることも。航空券&ホテルのツアーもあり。

トラベルコ
https://www.tour.ne.jp/

エアトリ
https://www.airtrip.jp/

Q. 石垣島&宮古島へのフライトは？

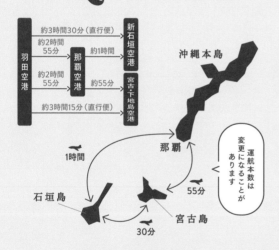

運航本数は変更になることがあります

A1. 主要空港から直行便あり。

石垣島へ直行便があるのは東京（羽田・成田）、名古屋（中部）、大阪（関西）、福岡空港。宮古島は東京（羽田）、名古屋（中部）、大阪（関西）。下地島空港へは神戸からの便も。

A2. 乗り継ぎでお得になることも。

石垣島・宮古島への直行便よりも、那覇行きのほうが便数が多いため、那覇で乗り継ぐと航空券代が安くなることも。

A3. 石垣⇔宮古のフライトも。

RAC（琉球エアーコミューター）が運航。石垣～宮古の往復は1日約4便運航している。所要時間は約30分。

A4.
空港は3つあります。

石垣島は新石垣空港、宮古島は宮古空港、下地島に下地島空港があります。下地島は宮古島と橋でつながっていて、下地島空港から宮古島市街地までは約25分。

新石垣空港
しんいしがきくうこう
石垣島 MAP P.180 D-2 ☎0980-87-0468（石垣空港案内カウンター）🚗石垣市離島ターミナルから車で約30分

宮古空港
みやこくうこう
宮古島 MAP P.185 C-3 ☎0980-72-1212 🚗宮古島市公設市場から車で約15分

下地島空港
しもじしまくうこう
下地島 MAP P.185 A-2 ☎098-0-78-6365 🚗宮古島市公設市場から車で約25分

Q. 新石垣空港から市内へのアクセスは？

A3. 離島ターミナルへの直行バスも。

バス会社のカリー観光が石垣港離島ターミナルへの直通バスを運行しています。片道500円、所要約30分、予約不要。運行頻度は1時間に2本程度です。

A2. 路線バスで各地へ行ける。

国内線ターミナルを出て左にバス乗り場があります。石垣港離島ターミナル方面（市街地）、川平公園・米原方面、伊原間・平野方面（北部）の3路線が。

A1. 便利なのはやっぱりタクシー。

ターミナルから出るとタクシー乗り場があります。料金・時間の目安は石垣港離島ターミナルまで約30分、3100円程度。川平湾まで約40分、4700円程度。

Q. 石垣島の島内アクセスはどうする？

平久保崎

約50分

川平湾

約40分

新石垣空港

約30分

石垣タウン

約25分

A1. 最も便利なのはレンタカー。

石垣島は1周約120km、車で3〜4時間なので、目的地同士の移動はレンタカーが最適。店は専用駐車場があることが多いです（市街地を除く）。

予約はマスト！

レンタカーの台数が限られているので予約は必須。ハイシーズンや直前予約は高くなる。

A2. 必要なときだけタクシーで。

タクシー会社は複数あり、電話で配車可能。市街地の石垣タウンでは流しのタクシーをつかまえられることも。

初乗り460円（1167mまで）

A5. 近場ならレンタサイクルも。

宿泊ホテルの周辺など近場を散策する場合に便利。レンタサイクルショップもありますが、ホテルで貸し出しを行っているところも多いです。

A3. 小回りが効くのはレンタルバイク

市街地は交通量が多く、ちょっとした渋滞が発生することも。バイクなら狭い道も走れるので便利ですが、気温が高いので暑さに注意。

A4. 路線バスでローカル気分♪

空港・川平湾・市街地など主要スポットにアクセス。値段が安いのがメリット。のんびり回るならおすすめです。

新石垣空港〜離島ターミナル 500円など

竹富島や西表島はフェリーかツアーで！

石垣島離島ターミナルから毎日フェリーが出航しています。便数が多く予約なしで乗れるので便利。日帰りの場合はツアーを利用するのもおすすめです。

Q. 下地島空港から 市内までのアクセスは？

A1. タクシーが最も早い。

下地島空港からは伊良部大橋を渡って宮古島の市街地（平良タウン）へアクセス。ターミナルを出たところにあるロータリーにタクシー乗り場があり、所要・料金の目安は約25分・3500円。

A2. 路線バスで宮古島へ。

宮古協栄バスのみやこ下地空港リゾート線（東急ホテル行き）は公設市場前まで500円。中央交通のみやこ下地島エアポートライナー（シギラリゾート行き）は公設市場前まで600円。約25分。

Q. 宮古空港から 市内までのアクセスは？

A1. タクシーで目的地へ直行！

ターミナルの到着出入り口を出て、すぐ目の前に乗り場があります。空港から市街地の平良タウンまでは約3kmと近く、所要15分程度。料金の目安は1500円程度です。

A2. 路線バスもあり。

到着出入り口を出て左にバス乗り場が。市街地へ向かう路線は系統2・4・5の3つあり、いずれも所要15分、料金は240円。系統4は来間島、系統5はシギラリゾート方面へアクセス可能。

Q. 宮古島の島内アクセスのコツは？

池間島

下地島空港

約30分

約30分

平良タウン
宮古空港

約30分

約20分

来間島

東平安名崎

A1. 島を巡るならレンタカーが正解。

宮古島から伊良部島＆下地島、来間島、池間島などアイランドホッピングするなら車が最も便利。市街地〜空港の道は交通量が多いです。

予約はマスト！

コロナ禍で台数が減少したため、ハイシーズンは予約でいっぱい。なるべく早めに予約を。

A2. 街なかはタクシーも便利。

島内のタクシー会社は複数あります。流しのタクシーやタクシー乗り場はあまりないので、電話で配車を依頼します。

初乗り460円（1167mまで） ※2023年2月現在

A3. 路線バスで島内巡りも。

島内を網羅する路線バスで、パイナガマビーチや下地島など主要な観光スポットにアクセスできる。運賃は距離により異なる。

下地島空港〜宮古島市公設市場 500円など

A4. レンタサイクルやレンタルバイクも。

島内にレンタルバイクやレンタサイクルのショップがあり、時間や1日単位でレンタル可能です。自転車はホテルで貸し出しするところも。ただし日差しが強い夏は長距離移動には不向き。

Q. 知っておきたい島のルールは?

本州から遠く離れた石垣島＆宮古島には独特のルール

A3. グルメや買い物、最適なのは。

石垣島なら石垣タウン、宮古島なら平良タウンにお店が集中。街なかは歩いて回れるので、滞在中1日は市街地を楽しむ日を設けるのも◎。

A2. マリンアクティビティを楽しむなら。

基本的にマリンショップやホテル、旅行会社で予約します。ビーチにあるマリンショップは予約なしで直接手配できるところもあります。

A1. 島を満喫するなら2泊以上で。

島内各所に見どころが点在しているので、主要スポットをめぐるなら3日以上はほしいところ。のんびりと島時間を味わって。

A4. 日の出・日の入り時間をチェック。

季節に一時間以上の差があるので、日の出や夕日を見るなら下記の表を参考に、時間帯を事前に確認しましょう。

	1月	2月	3月	4月	5月	6月	7月	8月	9月	10月	11月	12月
日の出	7:27	7:25	7:06	6:36	6:09	5:55	5:58	6:12	6:24	6:35	6:49	7:09
日の入	18:07	18:29	18:46	18:59	19:12	19:28	19:36	19:28	19:02	18:31	18:04	17:55

A7. 動物の飛び出しには注意しまくり。

山や森ではシロハラクイナやカンムリワシ、イリオモテヤマネコなどの動物の飛び出しに注意して、速度を落として運転しましょう。

A6. 島の天気予報は当てにならない!?

海に囲まれた島は天気が変わりやすいので、予報は外れることが多いです。雨が降っても短時間でやんだり。臨機応変なプランニングを。

A5. カーナビで表示されない地点も。

森の中や海岸線は大まかな場所しか表示されないこともあるので、グーグルマップなど地図アプリも駆使して。小さな道路標識にも注意。

A10. 海のキケン生物に注目する。

ミノカサゴ、ハブクラゲ、ウミヘビ、オニヒトデなど毒を持つ生き物もいるのでむやみに触らないこと。クラゲネットがあるビーチが安心。

A9. 最適シーズンを探る。

海水浴シーズンは4〜10月ですが、7〜8月は日差しが強烈。梅雨明けの6月は気候が安定しています。秋冬は海の青さも控えめです。

A8. ハイシーズンの混雑に警戒すべし。

レンタカーとツアー会社はとにかく早めの予約が安心。旅行者の急増によりハイシーズンは飲食店も満席に。夕食も予約しておくのが◎。

A11. 夜便の空港で注意すること。

20時台のフライトで帰る方、要注意です。空港の飲食店やショップは18時頃から徐々に閉店していくので、時間には余裕をもたせるのが吉。

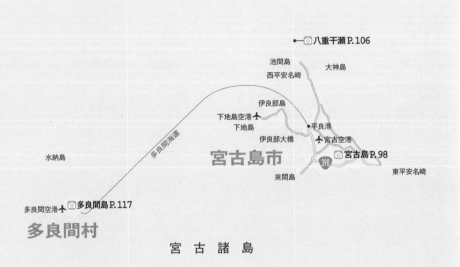

八重干瀬 P.106

池間島
西平安名崎
大神島

伊良部島
下地島空港
下地島
伊良部大橋
平良港
宮古空港
宮古島市
宮古島 P.98
390
水納島
多良間海道
来間島
東平安名崎

多良間空港 多良間島 P.117

多良間村

宮古諸島

太平洋

凡例
見る・遊ぶ
レストラン
カフェ
ショップ
ホテル
P 駐車場
ファミリーマート
ガソリンスタンド

石垣・宮古全図

N　0　10　20km
1:900,000

東 シ ナ 海

先 島 諸 島

平久保崎

福山海運

与那国島

石垣市

390

八重山諸島

鳩間島

P.35 バラス島

上原港

安栄観光
八重山観光フェリー

於茂登岳

新石垣空港
（南ぬ島石垣空港）

P.8 石垣島

P.86 西表島　　P.90 小浜島

石垣港離島ターミナル

竹富島 P.82

大原港

八重山観光
フェリー

幻の島（浜島）P.34, 90

中御神島

竹富町

黒島

パナリ島（新城島）P.35

P.94 波照間島　　波照間空港

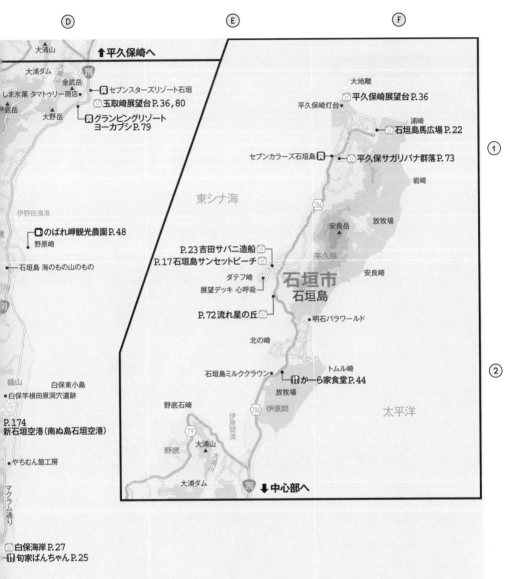

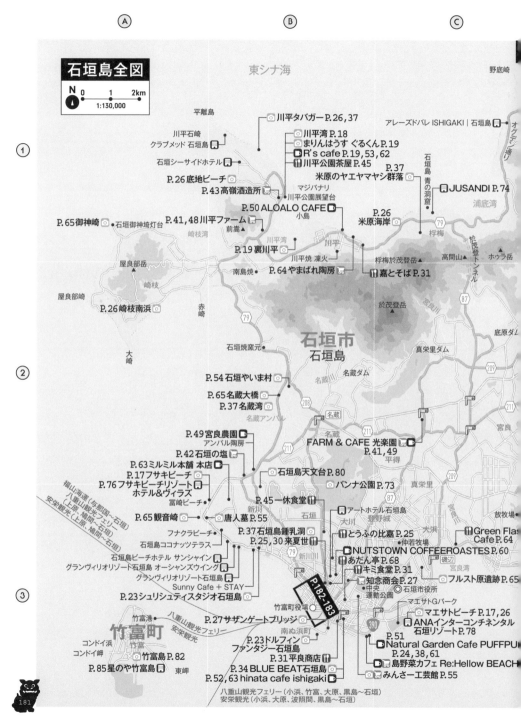

石垣島全図

N 0 1 2km
1:130,000

東シナ海

野底崎

A B C

① ② ③

平離島

アレーズドバレ ISHIGAKI | 石垣島

川平タバガー P.26,37
川平湾 P.18
まりんはうす ぐるくん P.19
R's cafe P.19,53,62
川平公園茶屋 P.45
米原のヤエヤマヤシ群落 P.37
JUSANDI P.74
浦底湾

川平石崎
クラブメッド 石垣島
石垣シーサイドホテル
P.26 底地ビーチ
P.43 高嶺酒造所
マジパナリ
川平公園展望台
P.50 ALOALO CAFE
小島
P.26 米原海岸
石垣島 青の洞窟

P.65御神崎
石垣御神埼灯台
P.41,48 川平ファーム
崎枝湾
前嵩▲
川平湾
川平
枯梅於茂登登山道▲
高間山▲
ホウラ岳
於茂登トンネル

屋良部岳
崎枝
赤崎
P.19 裏川平
川平焼 凜火
枯梅
於茂登岳
87

屋良部崎
P.26崎枝南浜
南島焼
P.64やまばれ陶房
嘉とそば P.31
底原ダム

石垣焼窯元
79
真栄里ダム

大崎
石垣市
石垣島
名蔵川
名蔵ダム
209

P.54石垣やいま村
名蔵大橋 P.65
P.37名蔵湾
名蔵アンパル
208
名蔵
211
宮良

P.49宮良農園
アンバル陶房
P.42石垣の塩
P.63ミルミル本舗 本店
FARM & CAFE 光楽園 P.41,49
平得

P.17フサキビーチ
P.76フサキビーチリゾート ホテル&ヴィラス
冨崎ビーチ
石垣島天文台 P.80
バンナ公園 P.73
真栄里
87

榑山海運(与那国〜石垣)
八重山観光フェリー(上原、鳩間〜石垣)
安栄観光(上原、鳩間〜石垣)
P.65観音崎
唐人墓 P.55
新川
石垣
P.45 一休食堂
アートホテル石垣島
登野城
大川
Green Flash Cafe P.64

フナクラビーチ
P.37石垣島鍾乳洞
P.25,30来夏世
とうふの比嘉 P.25
仲与牧場
NUTSTOWN COFFEEROASTES P.60
磯辺
宮良湾

石垣島ココナッツテラス
石垣島ビーチホテル サンシャイン
グランヴィリオリゾート石垣島 オーシャンズウイング
グランヴィリオリゾート石垣島
Sunny Cafe + STAY
P.23シュリシュティスタジオ石垣島
79
新川川
あだん亭 P.68
キミ食堂 P.31
知念商会 P.27
石垣市役所
中央
運動公園
フルスト原遺跡 P.65

竹富港
八重山観光フェリー
安栄観光
竹富町役場
P.27サザンゲートブリッジ
南ぬ浜町
マエサトGパーク
マエサトビーチ P.17,26
ANAインターコンチネンタル 石垣リゾート P.51
Natural Garden Cafe PUFFPU P.24,38,61
島野菜カフェ Re:Hellow BEACH
みんさー工芸館 P.55

竹富町
コンドイ浜
コンドイ岬
竹富島 P.82
竹富
東岬
P.85星のや竹富島
P.23ドルフィンファンタジー石垣島
P.31平良商店
P.34 BLUE BEAT石垣島
P.52,63 hinata cafe ishigaki

P.182-183

八重山観光フェリー(小浜、竹富、大原、黒島〜石垣)
安栄観光(小浜、大原、波照間、黒島〜石垣)

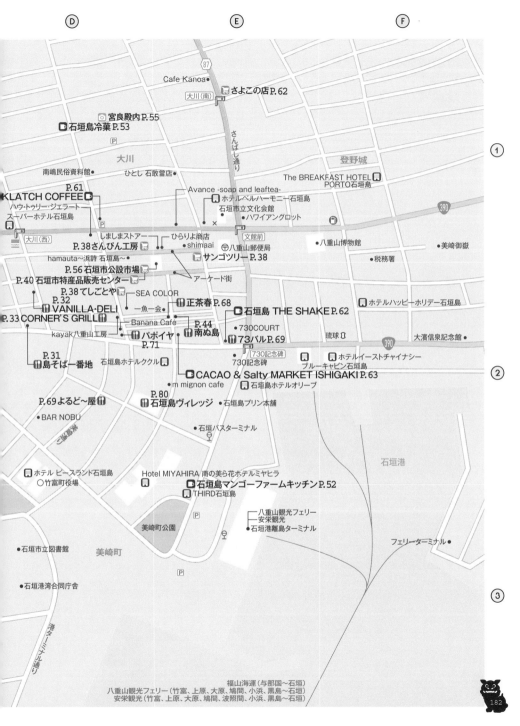

D　　　　　　　　　E　　　　　　　　　F

87

Cafe Kanoa●

大川（南）

さよこの店 P.62

🅿 宮良殿内 P.55
石垣島冷菓 P.53

大川

さ
ん
ば
し
通
り

登野城 ①

南嶋民俗資料館●　　ひとし 石敢當店●

The BREAKFAST HOTEL
PORTO石垣島

KLATCH COFFEE　　P.61

ハウ・トゥリー・ジェラート

スーパーホテル石垣島

大川（西）

Avance -soap and leaftea-

ホテルベルハーモニー石垣島
石垣市立文化会館
×　ハワイアングロット

390

美崎御嶽

しましまストアー　　ひらりよ商店

P.38さんぴん工房　　● shimaai

hamauta〜浜詩 石垣島〜

P.56石垣市公設市場

P.40石垣市特産品販売センター

P.38てしごとや　　SEA COLOR

P.32

VANILLA・DELI

一魚一会

P.33 CORNER'S GRILL

Banana Café

kayak八重山工房

P.31

島そば一番地

よるど〜屋 P.69

BAR NOBU

八重山郵便局

サンゴツリー P.38

アーケード街

正茶春 P.68

石垣島 THE SHAKE P.62

P.44

南ぬ島

730COURT

73バル P.69

730記念碑

730記念碑

石垣島ホテルククル

CACAO & Salty MARKET ISHIGAKI P.63

m mignon cafe

P.80

石垣島ヴィレッジ　● 石垣島プリン本舗

石垣島ホテルオリーブ

八重山博物館

税務署

ホテルハッピーホリデー石垣島

琉球８

大濱信泉記念館●

ホテルイーストチャイナシー

ブルーキャビン石垣島

②

石垣バスターミナル

石垣港 ③

ホテル ピースランド石垣島

○竹富町役場

Hotel MIYAHIRA 南の美ら花ホテルミヤヒラ

石垣島マンゴーファームキッチン P.52

THIRD石垣島

八重山観光フェリー
安栄観光

美崎町公園

石垣市立図書館

美崎町

石垣港湾合同庁舎

石垣港離島ターミナル

フェリーターミナル●

港
タ
ー
ミ
ナ
ル
通
り

福山海運（与那国〜石垣）
八重山観光フェリー（竹富、上原、大原、鳩間、小浜、黒島〜石垣）
安栄観光（竹富、上原、大原、鳩間、波照間、小浜、黒島〜石垣）

石垣タウン

0　50　100m
1:5,500

A　B　C

① 宮鳥御嶽　石垣

石垣

十　●南星スーパー

●真乙姥井戸

真乙姥御嶽
●

石垣氏庭園 ●

新川

桃林寺
権現堂
卍

P.55 桃林寺

桃林寺　P

アピアンバナ

79

●海賊船　金城鮮魚店 ●

79　新川(東)

deigo-泥媛- P.80

焼肉オリオン本店 ●
P.70 焼肉オリオン2nd

星野商店 ●

市役所通り

② P.33 YUMBURGER

P.45 なかよし食堂　ひとし本店 ●　徒歩約3分

P.40
ファーマーズマーケット
やえやま ゆらてぃく市場

沖

石垣市
新栄町

バレカランヒル ●

●RESTAURANT WAVE ROOF　● 上原鮮魚店

民宿パークサイドトモ

新栄公園

●もっちゃん食堂
炭火焼鶏 鶏あえず ●

お食事処 はるちゃん ●

市民会館通り

ルートイングランティア石垣
でいご食堂 ●

● 石垣市民会館

③

青果無人販売 ●

龍翔園 ●

島料理 あっきー ●

ベッセルホテル石垣

石垣漁港

浜崎町　炭火焼肉たけさん亭 ●

Mr.KINJO

炭火焼肉 やまもと ●

Mr.KINJO

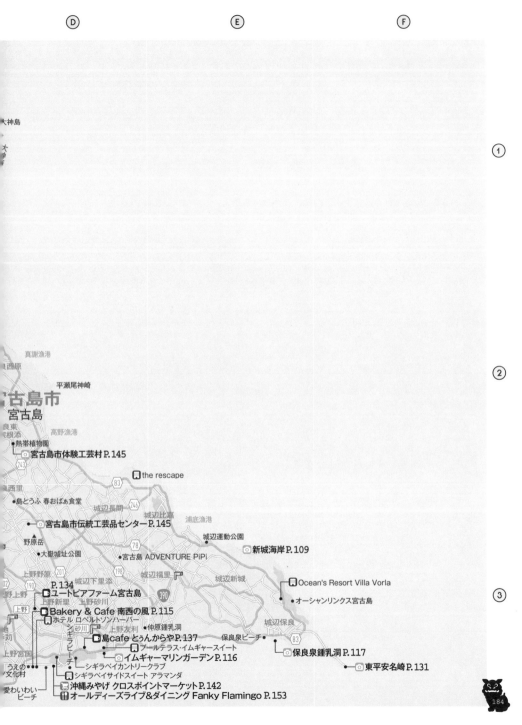

大神島

大盆

真謝漁港

西原

平瀬尾神崎

古島市
宮古島

良東
根添　　高野漁港

●熱帯植物園
⊙宮古島市体験工芸村 P.145

🏠 the rescape

西里
●島とうふ 春おばぁ食堂

城辺長間 (246)
城辺比嘉　浦底漁港

●◎宮古島市伝統工芸品センター P.145

野原岳　　　　城辺運動公園
●大嶽城址公園 (78)
●宮古島 ADVENTURE PiPi　　　◎新城海岸 P.109

上野野原 (201)　城辺下里添
(190)　　城辺福里　　城辺新城
野上野 (190)　　(390)　　　　　🏠 Ocean's Resort Villa Vorla
上野新里　上野砂川　　　　　●オーシャンリンクス宮古島
P.134
🏠ユートピアファーム宮古島
(上野)🏠Bakery & Cafe 南西の風 P.115
🏠ホテル ロベルトソンハーバー　城辺保良
●仲原鍾乳洞
🏠島cafe とぅんからや P.137　　保良泉ビーチ● (83)
🏠プールテラス・イムギャースイート
●イムギャーマリンガーデン P.116 ◎保良泉鍾乳洞 P.117
●シギラベイカントリークラブ
🏠シギラベイサイドスイート アラマンダ ●◎東平安名崎 P.131
うえの文化村
🏪沖縄みやげ クロスポイントマーケット P.142
愛わいわい🍴オールディーズライブ&ダイニング Fanky Flamingo P.153
ビーチ

宮古島全図

N
0 1 2km
1:160,000

A B C

東シナ海

フナクスビーチ P.109
池間島灯台 池間湿原
平良前里
P.131 イキヅービーチ
平良池間
池間島 お浜
海美来
P.107 宮古島・八重干瀬専門アクアベース
池間大橋
世渡崎
P.131 西平安名崎
P.124 HARRY'S Shrimp Truck
P.121 にいまそば
平良狩俣
P.117 島尻マングローブ林 島尻
宮古島海中公園

P.112 フナウサギバナタ

P.114 ホライズンカフェ
フェリスヴィラスイート伊良部島・佐和田
伊良部佐和田
青の洞窟
P.144 あだん工房
P.136 SUN℃ MIYAKO
P.117,159,160 Grand Bleu Gamin
P.112 伊良部そば かめ
佐和田漁港
佐和浜漁港
P.116 砂山ビーチ
P.113 17エンド
佐和田の浜
伊良部長浜
伊良部前里添
P.142 福木カフェ・商店
P.130,174 下地島空港
国仲橋
下地島
アモーレアミーゴ
みやこ P.125
牧山
P.121 宮古島 荷川取漁港 みなと食堂
P.113 通り池
P.112 牧山展望台
ブルーオーシャンホテル&リゾート 宮古島
荷川取公園
サンバリンクス伊良部
ホテルサウスアイランド
伊良部池間添
いらぶ大橋 海の駅
P.113 中の島ビーチ
P.116 渡口の浜 P.113,137 Blue Turtle
伊良部仲地
長山浜
P.110 伊良部大橋
P.162 イラフ SUI ラグジュアリーコレクションホテル 沖縄宮古
ヴィラブリゾート
ソラニワホテルアンドカフェ
紺碧ザ・ヴィラオールスイート
長山港

P.186-187
久貝(北)
カママ嶺公園
平良久貝 宮古島市役所

多良間海運(多良間〜平良)
久松漁港 P.174 宮古空港
P.157 サンエー宮古島シティ
西浜崎
空港南
ホテル・トリフィート宮古島リゾート
与那覇湾
平良川

P.108 与那覇前浜
宮古島東急ホテル&リゾーツ
上地 下地上地
P.127 琉球ザッカ青空
平良与那覇 下地
P.126,139 AOSORA PARLOR
P.129 皆愛屋
P.127 竜宮城展望台
P.126 来間島
P.135 農家レストラン 楽園の果実
長間浜
エメラルドコーストゴルフリンクス
P.127 けんちゃんと行く来間島ヤギ散歩
来間島 下地来間
Pani Pani P.139
P.116 ムスヌン浜
タコ公園 P.126
P.165 RuGu Glamping Resort

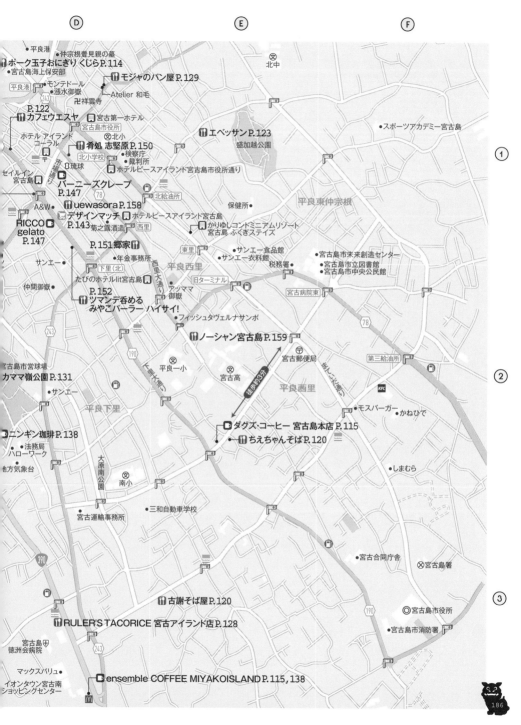

D E F

・平良港 ・仲宗根豊見親の墓
⊞ポーク玉子おにぎり くじら P.114
・宮古島海上保安部
⊞ モジャのパン屋 P.129
平良港 ・モンテドール
・漲水御嶽 ─Atelier 和毛
卍祥雲寺
P.122
⊟カフェウエスヤ ・宮古第一ホテル
宮古島市役所
・北小 ⊞エベッサン P.123
⊞肴処 志堅原 P.150 盛加越公園
北小学校 ・検察庁
Ω琉球 ・裁判所
ホテル アイランド ホテルピースアイランド宮古島市役所通り
コーラル
・スポーツアカデミー宮古島

セイルイン
宮古島 北給油所 ①
・保健所 平良東仲宗根
⊞バーニーズクレープ
P.147 78
A&W・ ⊞ uewasora P.158
RICCO ⊟デザインマッチ ホテルピースアイランド宮古島
gelato P.143 菊之露酒造 西里 ⊞かりゆしコンドミニアムリゾート
P.147 宮古島 ふくぎステイズ
P.151郷家⊞
・サンエー ・年金事務所 平良西里 ・サンエー食品館 ・宮古島市未来創造センター
下里(北) ・サンエー衣料館 ・宮古島市立図書館
・仲間御嶽 たびのホテルlit宮古島 東里 税務署・ ・宮古島市中央公民館
西里大通り 旧ターミナル
P.152 アツママ 宮古病院東
⊞ツマンデ呑める 御嶽
みやこパーラー ハイサイ! 78
・フィッシュタヴェルナサンボ
243 第三給油所 ②
⊞ノーシャン宮古島 P.159
宮古郵便局
190 宮古島市営球場 上野大通り 平良一小 まちうさ通り
カママ嶺公園 P.131 宮古高 徒歩約3分 平良西里 KFC
・サンエー ・モスバーガー ・かねひで
平良下里
⊞ニンギン珈琲 P.138 ⊟ダグズ・コーヒー 宮古島本店 P.115
・法務局 ⊞ちえちゃんそば P.120
ハローワーク
地方気象台 大原南 ・しまむら
公園 南小
・三和自動車学校
・宮古運輸事務所
・宮古合同庁舎
⊗宮古島署
390
⊞古謝そば屋 P.120
⊚宮古島市役所 ③
⊞RULER'S TACORICE 宮古アイランド店 P.128 190
・宮古島市消防署
243
宮古島
徳洲会病院
マックスバリュ
イオンタウン宮古南 ⊟ensemble COFFEE MIYAKOISLAND P.115,138
ショッピングセンター

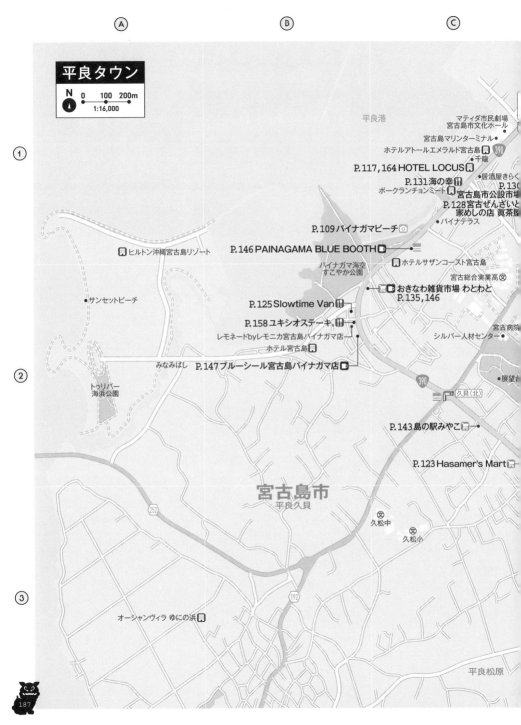

平良タウン

N 0 100 200m
1:16,000

平良港

マティダ市民劇場
宮古島市文化ホール
宮古島マリンターミナル•
ホテルアトールエメラルド宮古島🏨 390
P.117,164 HOTEL LOCUS🏨
•千龍
•居酒屋きらく
P.131 海の幸🍴
ポークランチョンミート🏨 宮古島市公設市場 P.130
P.128 宮古ぜんざいと
家めしの店 眞茶屋
P.109 バイナガマビーチ📷
•バイナテラス

ヒルトン沖縄宮古島リゾート🏨 P.146 PAINAGAMA BLUE BOOTH🏨
•ホテルサザンコースト宮古島
バイナガマ海空
すこやか公園
宮古総合実業高🏫
おきなわ雑貨市場 わとわと
P.135,146
•サンセットビーチ P.125 Slowtime Van🍴
宮古病院•
P.158 ユキシオステーキ。🍴
シルバー人材センター•
レモネードbyレモニカ宮古島バイナガマ店
ホテル宮古島🏨
宮古
•展望台
みなみはし P.147 ブルーシール宮古島バイナガマ店🏨

トゥリバー
海浜公園
390
🚉 久貝(北)

P.143 島の駅みやこ🏪•

P.123 Hasamer's Mart🏪

宮古島市
平良久貝

🏫
久松中
🏫
久松小

オーシャンヴィラ ゆにの浜🏨

平良松原

Ishigaki 石垣島

#穴場ビーチ　#崎枝南浜
#地元民がゆんたくする場所

#Natural Garden Cafe PUFF PUFF
#マンゴーラッシー　#海カフェ

#川平湾　#ハイビスカス
#川平公園をおさんぽ

#3食ゆし豆腐でもいいくらい好き
#とうふの比嘉　#毎朝手作り

#カカマ嶺公園のシーサー
#すべり台　#すごくデカい

#旅のおともはコレ　#光楽園
#黒糖ナッツ　#激ウマい

#波照間島で泊まった星空荘
#日本最南端の宿　#ゆるい民宿

#THE SHAKE　#マンゴーのシェイク
#さーたーあんだぎーもおいしいんだ

#西表島で買ったもの　#百香果
#ペーパークラフトと飴ちゃん

Miyako 宮古島

#Hasamer's Mart　#愉快なファミリーのお店　#これであなたも「ハサマー」

#両手にトロピカルフルーツ
#マンゴー　#ユートピアファーム宮古島

#Grand Bleu Gamin　#ヴィラ
#ハイビスカスがもっさり

#ニンギン珈琲　#ひとつひとつ手描きで書いてくれるイラストがうれしい！

#来間島　#AOSORA PARLOR
#トロピカルなテラス席がお気に入り

#マイベスト宮古そば（シンプル編）
#にいまそば　#古民家もいい感じ

#ユートピアファーム宮古島　#観光農園　#一面のブーゲンビリア！

#マイベスト宮古そば（創作編）
#カフェウエスヤ　#タイ料理みたい

#来間島のヤギ　#一緒におさんぽできるツアーがあるんだよ

いしがきみやこ たけとみじま いりおもてじまガイド 24じかん

24H 石垣 宮古 guide
竹富島 西表島

2023年3月30日 第1刷発行
2023年8月30日 第2刷発行

著 者　若宮早希
発行者　片桐圭子
発行所　朝日新聞出版
　　　　〒104-8011　東京都中央区築地5−3−2
　　　　（お問い合わせ）
　　　　infojitsuyo@asahi.com
印刷所　大日本印刷株式会社
©2023 Asahi Shimbun Publications Inc.
Published in Japan by Asahi Shimbun Publications Inc.
ISBN 978-4-02-334735-9

撮影　　　　北原俊寛、若宮早希
写真協力　　関係各市町村、関係諸施設、PIXTA
表紙デザイン　iroiroinc.(佐藤ジョウタ)
本文デザイン　iroiroinc.(佐藤ジョウタ、渡部サヤカ)
イラスト　　豊永彩子(表紙、P.6-7,9,99)、
　　　　　　竹本綾乃(P.81-96)、若宮早希(P.166-173)
マップ　　　s・map
企画・編集　朝日新聞出版 生活・文化編集部(白方美樹)

若宮早希　SAKI WAKAMIYA

編集プロダクションを経て、2019年にフリーランスのエディター＆ライターとして独立。国内外の旅行媒体をメインに活動する。東京生まれ東京育ちの反動（？）で南国の離島に強い憧れを抱き、カメラと三脚を担いで未開の地に分け入ることをライフワークとする。自称、ちまちました雑貨ハンター＆シュノーケルスポットハンター。著書に『Viet nam guide 24H』(朝日新聞出版)がある。

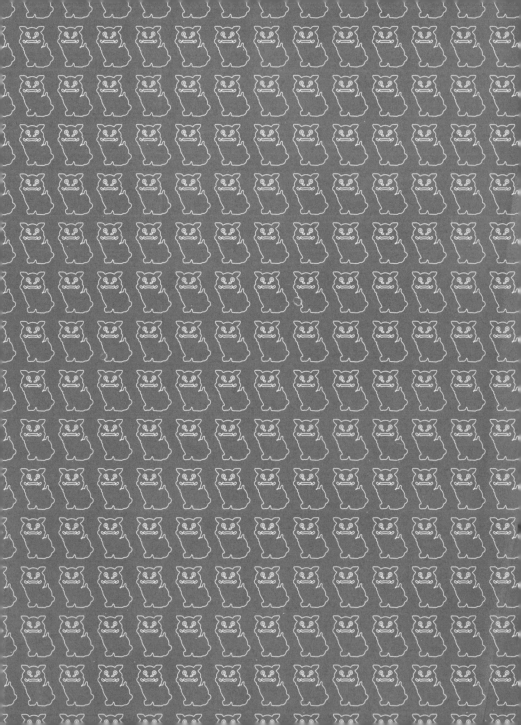